MARCO POLO

OSTFRIESISCHE INSELN

Reisen mit

Insider-Tips

Diese Tips sind die ganz speziellen Empfehlungen unserer Autoren. Sie sind im Text gelb unterlegt.

Fünf Symbole sollen Ihnen die Orientierung in diesem Führer erleichtern:

★

für Marco Polo Tips – die besten in jeder Kategorie

für alle Objekte, bei denen Sie auch eine schöne Aussicht haben

für Plätze, wo Sie bestimmt viele Einheimische treffen

für Treffpunkte für junge Leute

(107/A1)
Seitenzahlen und Koordinaten für den Reiseatlas Ostfriesische Inseln
(U/A1) *Koordinaten für die Übersichtskarte Ostfriesland in der vorderen Umschlagklappe und für den Stadtplan Borkum in der hinteren Umschlagklappe*

Diesen Führer schrieb Klaus Bötig, der in Bremen lebt. Er ist Autor zahlreicher Bücher über die europäische Inselwelt.

Die Marco Polo Reihe wird herausgegeben von Ferdinand Ranft.

Die aktuellsten Insider-Tips finden Sie im Internet unter http://www.marco-polo.de

MAIRS GEOGRAPHISCHER VERLAG

Unsere Autoren haben nach bestem Wissen recherchiert. Trotzdem schleichen sich manchmal Fehler ein, für die der Verlag keine Haftung übernehmen kann.

Titelbild: Langeoog, Seemöwe auf einem Strandkorb (Transglobe: Hackenberg)
Fotos: Colorvision: Uthoff (22, 30, 32, 101); HB-Verlag (51, 76, 98); Heinze (7, 12, 65, 67, 72, 94, 103); Lade: BAV (70), Grossmann (63); Mauritius: Habel (24, 26, 54), Hubatka (107), Ligges (10), Mollenhauer (18); Schapowalow: Brüggemann (20, 38, 42), Weißer (45, 84); Schuster: Ditges (58), Rangnow (80), Weißer (4); Steffens (48)

4., aktualisierte Auflage 1999/2000 © Mairs Geographischer Verlag, Ostfildern
Chefredakteurin: Marion Zorn
Lektorat: Sabine Redlin
Gestaltung: Thienhaus/Wippermann (Büro Hamburg)
Kartographie Reiseatlas: ©Niedersächsisches Landesverwaltungsamt – Landesvermesssung – B5-457/93; KOMPASS Karten GmbH, A-Rum/Innsbruck

Printed in Germany
Gedruckt auf 100% chlorfrei gebleichtem Papier

INHALT

Entdecken Sie die Ostfriesischen Inseln!

Beliebte Ferienziele sind alle sieben, doch keine Insel gleicht der anderen

Wenn Ihr Schiff den Festlandshafen verläßt, hat Ihr Inselurlaub schon begonnen. Möwen begleiten die Fähre, die zunächst dem Hafenleitdamm folgt und sich dann an Bojen und Pricken (langstieligen Birken- oder Reisigbüscheln im Wattboden) orientiert, um im schmalen Fahrwasser durch das Wattenmeer zu bleiben. Bei Dunkelheit müssen die Seeleute diese Seezeichen sogar mit Suchscheinwerfern ausfindig machen, um nicht ins flache Wasser zu geraten und das Schiff auf Grund zu setzen.

Außer nach Borkum und Juist dauert die Fahrt nicht länger als eine Stunde. Wenn Sie nicht gerade Norderney als Ziel haben, merken Sie schon im Inselhafen deutlich, daß Sie in einer anderen Welt angekommen sind. Auf manchen Inseln warten kleine Züge auf Sie, auf anderen stehen Pferde- und Handkarren für Ihr Gepäck bereit. Taxis und Busse wie auf dem Festland gibt es nur auf Norderney – und zusätzlich zur Inselbahn auch auf Borkum. Einer Ihrer allerersten Spaziergänge führt Sie sicherlich ans Meer, an die offene Nordsee. Wie weit der Weg dorthin ist, hängt nicht nur von der Lage Ihrer Unterkunft ab, sondern auch von der jeweiligen Inselnatur. Auf Spiekeroog und Langeoog werden Ort und Strand durch einen breiten Dünenstreifen voneinander getrennt, auf Wangerooge, Borkum und Norderney reichen die Häuser bis unmittelbar an die Uferpromenade heran. Auch diese Uferpromenaden sind ganz unterschiedlich. Mal säumen sie den Strand unmittelbar, auf anderen Inseln wieder verlaufen sie teilweise in den Dünen. Im Sommer stehen Teile der Strände voller Strandzelte oder Strandkörbe, die oft von schützenden Sandburgen umgeben sind. Rettungsschwimmer wachen zu den genau festgesetzten

Windschutz und Sonnenbank: Ein Strandzelt oder -korb gehört zum Badeurlaub dazu

Badezeiten über die Sicherheit der Gäste, Sportlehrer bieten kostenlos gymnastische Übungen an oder laden zu allerlei Ball- und Bewegungsspielen ein. Für Surfer ist ebenso ein eigener Strandabschnitt ausgewiesen wie für Urlauber mit Hunden – und auf Norderney und Borkum gibt es auch exakt festgelegte Strandabschnitte, in denen man sich im Adams- oder Evakostüm sonnt. Anderswo kann außerhalb des Ortsbereichs ein jeder so viel oder so wenig Textil tragen, wie er gerne möchte.

Der Strand lockt aber nicht nur zum Baden und zum Sport, sondern auch zu langen Wanderungen. Sie sind um so gesünder, je näher man sich an der Brandung hält. Sammler und Naturfreunde hingegen folgen besser einem der Spülsäume, also den deutlich erkennbaren Linien, an denen die letzten Hochwasser allerlei Muscheln und Reste von Krebsen, Pflanzen und manchmal auch eine Flaschenpost oder ein Stück Bernstein aufgespült haben.

Der Weg am Strand entlang verläuft immer auch parallel zu den Dünen, die die Nordseeküste säumen. Im Osten der Inseln gelangt man stets zu einer weiten, meist völlig ebenen Sandfläche – einer Sandbank, die bei Flut vom Meerwasser bedeckt wird. Mit etwas Glück entdeckt man am Ufer ein Dutzend oder mehr Seehunde, die sich hier für ihre nächste Fangexpedition eine Ruhepause gönnen.

Hier im Osten der Inseln steht man auf relativ jungem Land, denn die Inseln wachsen durch Sandanschwemmungen immer noch weiter, wobei die Sande zum Teil aus Rhein, Schelde und Ems, zum Teil aber sogar von der englischen Steilküste und von untermeerischen Kliffen stammen. So ist zum Beispiel Baltrum zwischen 1650 und heute in Richtung Osten um 1500 Meter gewachsen, Spiekeroog gar zwischen 1860 und heute um über vier Kilometer. Bevor man Mitte des letzten Jahrhunderts mit aktiven Küstenschutzmaßnahmen begann, brachen die Inseln dafür im Westen immer wieder ab: So versank noch 1854/55 das alte Dorf Wangerooge im Meer.

Zurück zu unserer Inselwanderung. Für den Rückweg ins Dorf oder die Stadt bieten sich auf den meisten Inseln zwei Möglichkeiten an: Man kann entweder durch ein Dünental gehen, das sich manchmal kilometerlang zwischen den meeresnäheren und jüngeren Weißdünen sowie den älteren Graudünen entlangzieht, oder in der Nähe des Wattenmeeres bleiben, wo der Weg am Rande der Salzwiesen oder auf einem Deich verläuft. Durch das Watt selbst zu gehen ist gefährlich und deswegen verboten – aber für Wattwanderungen gibt es ja auf allen Inseln geprüfte Wattführer. Auf der Wattseite der Inseln lohnt es sich besonders, ein Fernglas dabeizuhaben, denn die Wattenküste ist ein Eldorado für Vögel. Spätestens hier wird deutlich, warum es gut ist, daß Watt und Inseln zu großen Teilen unter striktem Naturschutz stehen und seit 1986 zum Nationalpark Niedersächsisches Wattenmeer erklärt wurden – dem dritten nach den Nationalparks Bayerischer Wald und Schleswig-Holsteinisches Wattenmeer.

Der Übergang vom unberührten Osten der Inseln zum be-

Naturkundliche Führung durch die Salzwiesen

wohnten Gebiet deutet sich häufig durch ein Ausflugslokal an. Von hier an wird der Wanderer auf den meisten Inseln wieder Radfahrern begegnen – nur nicht auf Baltrum und Spiekeroog, wo sogar dieses »schnelle« Verkehrsmittel verpönt ist und wo es deshalb nicht einmal einen Fahrradverleih gibt. Beim Rundgang durch den Ort stellt der Gast fest, daß er während seines Urlaubs nicht nur auf Badefreuden und Naturgenuß verwiesen ist. Die Kurverwaltungen aller Inseln bemühen sich intensiv um ihn, bieten zumindest im Sommerhalbjahr fast täglich Veranstaltungen an. Auf allen Inseln gibt es ein Kino, das neben vielen Kinderfilmen auch brandneue Streifen zeigt; jede Insel hat ihr »Kurviertel« mit Hallenbad, ihren Lesesaal und ihre medizinischen Kureinrichtungen (Kurzentrum). Und die örtliche Gastronomie tut ihr Bestes – auf Norderney und Borkum fast rund um die Uhr, während man auf den kleineren Inseln mehr mit dem ruhigen Gast rechnet. Auf jeder Insel ist zudem ein Haus der Insel oder ein Haus des Gastes eingerichtet, das als Veranstaltungs- und Tagungsort dient und in dessen Lesesaal verschiedene Tageszeitungen ausliegen.

Kultursehenswürdigkeiten von Rang wird auf den Inseln niemand erwarten. Dazu sind sie nicht zu jung, aber immer zu ärmlich gewesen. Sie haben sich zwar bereits vor über 2000 Jahren aus Sandbänken heraus entwickelt – schon die alten Römer wußten von Inseln vor der norddeutschen Küste –, aber immer wieder ihre Lage verändert. Auch gingen einige Inseln unter, und neue entstanden. Wohnstatt waren sie bestenfalls für Fischer, Seeleute und wenige Bauern. So findet man außer den Arbeiten der auf den Inseln lebenden heutigen Künstler kaum mehr als einige beachtenswerte Werke moderner Glaskunst in den Inselkirchen. Auch historische Bauten sind äußerst selten: Außer wenigen über 200 Jahre alten Insulanerhäusern auf Spiekeroog sind nur die 1696 erbaute dortige Inselkirche sowie die klassizistischen Bauten auf Norderney erwähnenswert.

Norderney war auch die Insel, die als erste den Schritt vom ärmlichen Fischer- und Seemannsdorf zum Nordseeheilbad vollzog und als einzige schon im letzten Jahrhundert zum international bekannten Kurort aufstieg. Den Boden dafür hatten Philosophen wie Voltaire und Jean Jacques Rousseau bereitet, die ein einfaches Leben in freier Natur als hohes Glück erkannten. In England und Dänemark waren bereits die ersten Seebäder entstanden, als der deutsche Aphoristiker und Göttinger Professor Georg Christoph Lichtenberg, der England mehrmals bereist hatte, auch für Deutschland die Errichtung eines Seebades forderte, was dann auch 1793 in Bad Doberan an der Ostsee geschah.

Auf den Ostfriesischen Inseln hatte sich als erster ein Juister Pastor an den preußischen König Friedrich den Großen gewandt, um ihn auf den gesundheitlichen Nutzen eines Kuraufenthaltes am Meer aufmerksam zu machen. Ihm war kein Erfolg beschieden; doch kurz darauf gelang es dem Norderneyer Landarzt Friedrich-Wilhelm von Halem, von den ostfriesischen Landständen Mittel bewilligt zu bekommen, die dann am 17. Mai 1797 zur Gründung des ersten deutschen Nordseebades auf Norderney führten. Die Insel hatte damals nur etwa 560 Bewohner. Im Jahre 1800 zählte man insgesamt 250 Gäste, vier Jahre später waren es schon 500 Besucher. Zunächst ging es nur langsam bergan: 1845 beherbergte man 1500 Gäste, 1871 dann schon 6000.

Im Laufe des Jahrhunderts wandten sich auch die anderen Inseln dem Fremdenverkehr zu, ohne freilich die gleiche königliche Protektion wie Norderney zu genießen, so daß ihre Kurbauten eher bescheiden blieben. Wirtschaftskrisen und Kriege warfen die zunehmend vom Tourismus abhängig werdenden Inseln immer wieder in ihrer Entwicklung zurück. In beiden Weltkriegen wurden insbesondere Borkum und Wangerooge zu Seefestungen ausgebaut, die die Einfahrten zu den Häfen Emden und Wilhelmshaven sichern sollten; im Zweiten Weltkrieg wurden auf den Inseln unter Einsatz zahlreicher ausländischer Zwangsarbeiter Flugplätze angelegt oder ausgebaut. Wangerooge wurde noch in den letzten Kriegstagen durch alliierte Bomber nahezu vollständig zerstört.

Nachhaltigere Veränderungen als durch die Kriege hat den Inseln freilich der Bauboom in den 60er und 70er Jahren beschert, an dem vielfach inselfremde Investoren beteiligt waren. Heute bedauern die Insulaner so manche Bausünde und achten darauf, sie nicht zu wiederholen. Neubauten werden kaum genehmigt; die Modernisierung des Bestehenden ist angesagt. Deutlich feststellbar ist ein Trend zu Ferienwohnungen – und zum kürzeren Mehrfachurlaub, der den Inseln auch eine immer länger werdende Saison beschert. Der Winter ist für die Insulaner aber immer noch eine Zeit relativer Ruhe. Dabei lohnt es sich durchaus, die Inseln in der kalten Jahreszeit zu besuchen. Unvergeßlich ist der Anblick verschneiter Dünen – und vielleicht friert ja sogar wieder einmal das Wattenmeer zu, wie es zuletzt im Eiswinter 1996/97 geschah.

Geschichtstabelle

7 v. Chr.
Ein römischer Schriftsteller erwähnt erstmals Inseln vor der Küste des heutigen Deutschland

1576
Emder Kaufleute lassen auf Borkum den Alten Turm als ältestes aller noch erhaltenen Seefahrtszeichen auf den Inseln errichten

1696
Auf Spiekeroog wird die älteste der noch erhaltenen Inselkirchen erbaut

1797
Acht Jahre nach der Französischen Revolution wird auf Norderney das erste deutsche Seebad gegründet. Die Insel hatte zu jener Zeit 560 Einwohner

1807–1813
Die Inseln gelangen unter französischer Herrschaft zum Königreich Holland. Zur Durchsetzung der napoleonischen Kontinentalsperre werden französische Truppen und Kanonen auf den Inseln stationiert; einheimische Schiffer verdienen am Schmuggel zwischen Helgoland und Hamburg

1815
Sechs der Inseln werden dem Königreich Hannover einverleibt, Wangerooge bleibt oldenburgisch

1856
Als erste Dampfschiffe nehmen zwei Raddampfer den regelmäßigen Fährverkehr zwischen Emden und Norderney auf

1868
Als erste Zeitung auf einer Nordseeinsel erscheint auf Norderney die »Norderneyer Badezeitung«

1873
Bau einer Synagoge auf Norderney

1885
Spiekeroog erhält als erstes der Eilande eine Inselbahn – damals wie heute von Pferden gezogen

1888/89
Norderney erhält als erste Ostfriesische Insel Kanalisation, ein Gaswerk und elektrisches Licht

1890
Großbritannien tritt Helgoland im Austausch gegen Sansibar und andere afrikanische Territorien an das Deutsche Reich ab

1940
Zum Ausbau militärischer Anlagen werden Tausende ausländischer Zwangsarbeiter auf die Inseln gebracht

1962
Die bis heute letzte schwere Orkanflut vom 16./17. Februar richtet auch auf den Inseln schwere Schäden an

1986
Gründung des Nationalparks Niedersächsisches Wattenmeer

1997
Im Januar ist das Wattenmeer fast zugefroren. Juist, Wangerooge und Spiekeroog werden auf dem Luftweg versorgt

Von Bant bis Umweltschutz

Hilfreiche Informationen zum Verständnis der Inselwelt und ihrer eigenen Gesetze

Bant

Wie die Inselkette vor Jahrhunderten aussah, läßt sich nur vermuten, aber nicht mehr sicher feststellen. Einige Hypothesen unterstellen die Existenz einer großen Insel namens Bant, die in der Zeit Kaiser Karls d. Gr., also um 800, vor der Emsmündung lag und die heutigen Eilande Borkum, Memmert, Juist und sogar die Westspitze Norderneys umfaßte. Im Süden soll sie bis auf die Höhe von Greetsiel gereicht, im Nordwesten noch das heutige Borkum-Riff umfaßt haben. Angeblich war sie 50000 Hektar groß. In den großen Sturmfluten des 12. und 13. Jhs. zerbrach Bant in mehrere Teile. Bant existierte nur noch als kleine Hallig weiter, die spätestens 1667 nicht mehr bewohnt war. Heute ist Bant nur noch als Sandbank auf den Karten verzeichnet.

Bernstein

Das »Gold des Meeres«, ein fossiles Harz, kann man nicht nur an der Ostsee, sondern auch an den Stränden der Ostfriesischen Inseln finden. Man benötigt dazu allerdings entweder sehr viel Glück oder Erfahrung und Ausdauer. Die meisten Urlauber bekommen Bernstein also nur in Museen und Schmuckgeschäften zu Gesicht.

Bernstein ist das etwa 40 Millionen Jahre alte, versteinerte Harz von Nadelbäumen. Manchmal sind Insekten oder Pflanzenreste wie Kiefern- und Tannennadeln im Stein eingeschlossen. Der Bernstein lagert im Boden Ostfrieslands und im Meeresboden, wo er ausgespült und an den Strand getragen wird. Die Bernsteinsuche verspricht während und nach anhaltenden Ostwinden den größten Erfolg; besonders achten sollte man dann auf die dunklen Braunkohlengrusstreifen am Spülsaum.

Spröde Schönheit: Dünen und Strandhafer im Abendlicht

Buhnen und Deiche

»Gott schuf das Meer, der Friese das Land«, sagt man im Norden Deutschlands. Schon vor 1000 Jahren begann man an der Küste Deiche zu bauen, bereits um 1300 war die gesamte Küste bedeicht. Doch immer wieder brachen die Deiche. Das Meer eroberte sich Land, der Mensch holte es sich zurück. In manchen Gebieten Ostfrieslands, so in der alten Harlebucht, sind mehr als zehn Deichlinien feststellbar.

Auf den Ostfriesischen Inseln begann man mit dem Küstenschutz allerdings erst in der Mitte des letzten Jahrhunderts. Um die Inseln vor Abtragung zu bewahren, wurden auf den im Westen nicht durch Dünen und Sandbänke geschützten Inseln Baltrum, Borkum, Norderney, Spiekeroog und Wangerooge sogenannte Buhnen angelegt. Wangerooge hat 22, Norderney gar 32. Diese Buhnen, Dämme aus Gestein und Mörtel, verlaufen quer zum Ufer weit ins Meer hinaus; die längste Buhne auf Wangerooge ist 1460 m lang, ihr größter Teil ist ständig von Wasser bedeckt. Buhnen dienen zur Abwehr der Strömung in Seegats (Fahrrinnen) und Prielen. Sie sollen die Sandabtragung verhindern und die Sandanlandung fördern. Trotzdem vertieft sich der Strand auch zwischen den Buhnen immer wieder. Deswegen greift man seit 1951 zum Mittel der Strandaufspülung. So wurden z.B. auf Norderney 1951/52 etwa 1,8 Millionen Kubikmeter Sand aus dem Watt gebaggert und am Westkopf angespült. Bis heute hat man diese Maßnahme noch sechsmal wiederholt.

Um Dünendurchbrüche bei Sturmfluten zu verhindern, hat man sie an vielen Stellen durch Mauern aus Sandstein, Granit oder Beton und durch stählerne Spundwände gesichert. Auf Wangerooge wurde eine solche Strandmauer 1993/94 in einem aufwendigen Verfahren für sechs Millionen Mark auf 700 Meter Länge erneuert. Dafür mußten zunächst 50000 Kubikmeter Sand von der Strandmauer entfernt werden. Dann ließ man Stahlspundwände durch Vibration am Fuß der Mauer ein, das Deckwerk wurde durch miteinander vergossene Schüttsteine erstellt und in der Senkrechten eine Schale aus Stahlbeton-Fertigtei-

Buhnen verhindern, daß der Sand vom Meer wieder abgetragen wird

len verarbeitet. Den Rand der unteren Strandpromenade rundet eine Klinkerrollschicht ab, die Promenade selbst ist betoniert und mit Klinkereinlagen verziert.

Zum Wattenmeer hin ergänzen Deiche das Küstenschutzsystem. Grasnarben schützen ihren Bestand und dürfen deswegen nicht betreten werden.

Dünen

Dünen prägen auf allen Ostfriesischen Inseln die Landschaft. Wie sie entstehen, kann man bei einem Spaziergang entlang des Strandes sehen. An seinem oberen Rand, der nur gelegentlich vom Meer überspült wird, können bereits einige hochspezialisierte Pflanzen wie Meersenf, Salzkraut und Strandquecke gedeihen. In deren Windschatten kommt es zu kleinen Sandanhäufungen, den sogenannten Vor- oder Primärdünen, auf denen sich dann der Strandhafer als Hauptbaumeister der Dünen ansiedeln kann. Er bildet lange, weitverzweigte Wurzeln bis zu 10 m Länge, mit denen er den Boden so festigt, daß sich immer mehr Sand ansammelt. So entsteht die meeresnahe Kette der Weißdünen. Sie werden nicht weiter vom Meer überspült, und der Regen wäscht immer mehr Salz aus dem Sand heraus. Hier können sich dann andere Pflanzenfamilien festsetzen, darunter die Sandnachtkerze, der Sand-Rotschwingel und der Sanddorn.

Die mit einer hauchdünnen Humusschicht bedeckten Dünen werden im Laufe der Jahre von Gräsern überwuchert, die ein weiteres Wachsen und Wandern der Sandberge verhindern. So entstehen die Graudünen. Wird deren Pflanzendecke verletzt, kann der Wind sie aber wieder angreifen und zerstören: Ihre ärgsten Feinde sind deswegen Kaninchen und Wanderer, die sich nicht an die Wege halten.

Das Endstadium der Dünenentwicklung sind schließlich die Braundünen. Sie werden zunächst von einer Krähenbeerheide bedeckt, später beginnt die Verwaldung mit der Ansiedlung von Moorbirken, Stileichen, Vogelbeeren und anderen Dünengebüschen wie Kriechweide.

Ebbe und Flut

Die Gezeiten, von den Küstenbewohnern Tiden genannt, bestimmen den Lebensrhythmus auf den Inseln. Innerhalb von 24 Stunden und 50 Minuten ist je zweimal Hoch- und Niedrigwasser, zweimal am Tag läuft das Wasser ab (Ebbe) und wieder auf (Flut). Das ist an den Küsten aller Meere so, im Ärmelkanal und an der Nordsee jedoch besonders ausgeprägt. Der Tidenhub, also der Unterschied zwischen Niedrig- und Hochwasser, nimmt im Bereich der Ostfriesischen Küste von West nach Ost zu: Auf Borkum beträgt er durchschnittlich 2,20 Meter, in Bremerhaven sind es bereits 3,50 Meter.

Ursache für die Gezeiten sind die Fliehkraft der Erde und die Anziehungskraft des Mondes. Der gemeinsame Schwerpunkt beider Himmelskörper liegt etwa 1500 km unterhalb der Erdoberfläche. Dadurch ist die Fliehkraft der Erde auf der dem Mond abgekehrten Seite größer als dessen Anziehungskraft, während das Verhältnis auf der mondzugekehrten Seite genau umgekehrt ist. Deswegen strebt das Wasser auf der dem Mond abgekehrten Seite von ihm weg, auf der ihm zugewandten Seite aber auf ihn zu. Dadurch entsteht auf beiden Seiten der Erdkugel ein Flutberg, der in 24 Stunden und 50 Minuten jeweils einmal rund um die Erde wandert.

In die Nordsee dringt diese Flutwelle aus dem Atlantik von Schottland her ein. Sie wandert nach Süden bis zur Festlandsküste und wird von ihr entlang der dänischen und norwegischen Küste wieder zurückgeworfen. Daraus erklären sich die unterschiedliche Höhe dieser Flutwelle auf den Inseln sowie der von Insel zu Insel verschiedene Zeitpunkt für Hoch- und Niedrigwasser. Er liegt auf Wangerooge immer später als auf Borkum.

Die Fluthöhe wird aber auch von der Sonne mitbestimmt. Auch sie übt ihre Anziehungskraft auf das Wasser aus, die der großen Entfernung wegen jedoch sehr viel geringer ist als die des Mondes. Stehen jedoch Erde, Mond und Sonne in einer Linie, was jeweils bei Neu- und Vollmond der Fall ist, verstärkt die Sonne noch die Anziehungskraft des Mondes und es kommt zur Springflut mit deutlich erhöhtem Hochwasserstand. Stehen Sonne, Mond und Erde im rechten Winkel zueinander, was jeweils bei Halbmond der Fall ist, kommt es hingegen zur Nippflut mit einem besonders niedrigem Hochwasserstand.

Energie- und Wasserversorgung

Ohne ausreichendes Trinkwasser wären die Inseln nicht lebensfähig. Süßwasser ist jedoch auf allen Inseln vorhanden. Es schwimmt über dem Salzwasser in gewaltigen, von einer zwei bis drei Meter dicken Tonschicht umhüllten Linsen, die bis in 80 m Tiefe hinabreichen, und wird durch Brunnen gefördert. Baltrum und Wangerooge beziehen ihr Trinkwasser inzwischen auch durch Pipelines vom Festland.

Erdgas und Strom erhalten alle Inseln über Fernleitungen vom Festland her. Windenergieanlagen sind auf einigen Inseln ebenfalls installiert, können herkömmliche Energie aber nicht ersetzen. So tragen die vier Windenergieanlagen auf Norderney nur mit etwa 1,5 Prozent zum Energiebedarf auf der Insel bei.

Groden, Heller und Polder

Die drei Bezeichnungen Groden, Heller und Polder findet man auf allen Inselkarten. Polder oder Innengroden heißt ein eingedeichtes Grünland, aus dessen Boden durch Niederschläge das vor der Eindeichung enthaltene Salz herausgespült wurde. Polderwiesen werden teilweise gemäht; sie sind gute Viehweiden.

Als Heller oder Außengroden bezeichnet man hingegen das nicht eingedeichte Grünland an der Wattküste, das größtenteils aus Salzwiesen besteht. Auch die Heller werden teilweise beweidet; die Nationalparkverwaltung will ihre Nutzung aber weiter einschränken.

Inselstatistik

Die in diesem Band genannten Einwohnerzahlen stammen aus dem Jahr 1998 und erfassen die mit erstem Wohnsitz auf den Inseln gemeldeten Bürger. Die Größe der Inseln schwankt naturgemäß zwischen Hoch- und Niedrigwasser; der statistische

Wert bezieht sich jeweils auf die Maße für die theoretische Mittellinie zwischen beiden.

Kontinentalsperre

Napoleon Bonaparte, 1804 zum Kaiser der Franzosen gekrönt, ließ seine Heere im Laufe der folgenden Jahre den größten Teil Europas erobern. Gegen England erlitt er allerdings in der Seeschlacht von Trafalgar 1805 eine empfindliche Niederlage. Um England niederzuringen und damit den Hauptkonkurrenten als Kolonialmacht auszuschalten, verfügte Napoleon daraufhin die Kontinentalsperre. Handel, Verkehr und Korrespondenz mit England waren jedermann in den von Frankreich eroberten oder mit Napoleon verbündeten Staaten fortan verboten. Für Schmuggler brach dadurch insbesondere an der holländischen und über das damals britische Helgoland auch an der deutschen Küste eine äußerst gewinnbringende Zeit an. Um den Schmuggel zu unterbinden, wurden auf den meisten Ostfriesischen Inseln Soldaten und Kanonen stationiert, die der Kontinentalsperre freilich auch nicht zum Erfolg verhelfen konnten. Das Militär lebte auf den Inseln in umwallten Befestigungsanlagen, deren Reste heute noch den Namen Franzosen- oder Napoleonschanze tragen. Besonders gut erhalten ist solch eine von den Insulanern in Zwangsarbeit errichtete Verteidigungsanlage auf Norderney.

Merkspruch

Wilhelmshavener Matrosen wird die Erfindung eines Merkspruchs zugesprochen, mit dessen Hilfe man sich die Reihenfolge der Inseln von Ost nach West leicht merken kann: »Welcher Seemann liegt bei Nanni im Bett?« (W = Wangerooge, S = Spiekeroog, L = Langeoog, B = Baltrum, N = Norderney, J = Juist, B = Borkum).

Nationalpark

Alle Ostfriesischen Inseln liegen im Nationalpark Niedersächsisches Wattenmeer, der 1986 deklariert wurde. Sitz seiner Verwaltung ist Wilhelmshaven. Auf mehreren Inseln unterhält sic – teilweise zusammen mit den Gemeinden und dem WWF (World Wide Fund for Natures) – Informationshäuser, deren Mitarbeiter den Nationalpark betreffende Fragen beantworten. Sie bieten auch Führungen an, z.B. an den Spülsaum oder zu den Buhnen. Auf den Inseln haben die Naturschützer freilich nicht nur Freunde. Wer Pferde oder Kühe hat, wehrt sich gegen das angestrebte Weideverbot für Salzwiesen; Jäger bestehen darauf, auch abseits von Wegen durch streng geschützte Gebiete gehen zu dürfen; manch einer bedauert, daß Stammgäste plötzlich nicht mehr wie früher ihre Insel umrunden können, und Segler wehren sich gegen Beschränkungen in ihren Revieren. Insgesamt wird aber eingesehen, daß der Schutz des Wattenmeeres und der Inseln dem Fremdenverkehr und damit der Wirtschaft der Inseln zugute kommt.

Plattdeutsch

Im Mittelalter sprachen die Friesen noch Friesisch, auf Wangerooge beherrschten es noch einige bis 1920. Doch schon seit dem

15. Jh. haben die Ostfriesen ihre eigene, westgermanische Sprache immer stärker zugunsten des in den Hansestädten gesprochenen Niederdeutschen aufgegeben. Auf Borkum wandte man sich teilweise dem Holländischen zu; hier wurde Hochdeutsch erst 1890 zur Amtssprache erklärt. Das ostfriesische Plattdeutsch wird auch heute noch von den echten Insulanern gesprochen und ist von Insel zu Insel leicht unterschiedlich.

Salzwiesen und Quellerwatt

Auf der Wattseite der Inseln liegen mit den Salzwiesen besonders schützenswerte Gebiete, die nur auf wenigen markierten Wegen betreten werden dürfen. Als Salzwiesen bezeichnet man die nur noch gelegentlich vom Wasser überspülten Landflächen zwischen dem Seedeich und der meist 20–30 cm hohen Abbruchkante, an der das Watt beginnt. In diesem vordersten Bereich des Watts, auch Schlick- oder Quellerwatt genannt, setzt der Verlandungsprozeß ein. Hier leben mit dem Queller (im August und September gelblichgrün blühend) und dem Salz-Schlickgras (von Juni bis September gelblichweiß blühend) zwei Pflanzen, die mit ihren Wurzeln den Boden festigen und an denen sich feine Schwebstoffe absetzen. So wird der Boden erhöht und zugleich nährstoffreicher, so daß die Pflanzen schließlich absterben und anderen Arten Platz machen, deren Lebensraum die untere Salzwiese ist. Zu ihnen gehören der Strandflieder, die Meerstranddistel und das grünlichviolett blühende Andelgras. Auf der mittleren und oberen Salzwiese, die noch seltener vom Meerwasser erreicht wird, ist dann wieder eine andere Pflanzengesellschaft zu finden, zu der die selten gewordene Strandnelke und das Löffelkraut gehören. All diese Pflanzen sind der Lebensraum von etwa 2000 Tierarten. Viele dieser Tiere leben in Abhängigkeit von nur einer einzigen dieser Pflanzen. Zudem sind die Salzwiesen für viele Vögel der einzige Platz, an dem sie während der Überflutung des Watts Nahrung finden. Andere wiederum brüten hier: der Rotschenkel, die Küstenseeschwalbe, der Regenpfeifer und die Uferschnepfe.

Schulwesen

Die Kinder der Insulaner können bis zum Ende der 10. Klasse auf ihren Inseln zur Schule gehen und dort den Haupt- oder Realschulabschluß machen. Zum Besuch der Gymnasien und weiterführenden Schulen müssen sie aber aufs Festland fahren und dort bei Verwandten oder im Internat wohnen. Nur die Gymnasiasten Norderneys haben die Möglichkeit, morgens mit der Fähre zur Schule zu fahren und abends nach Hause zurückzukehren. Auf Spiekeroog werden an der privaten Hermann-Lietz-Schule zehn Plätze für Inselkinder freigehalten.

Seehunde

Das liebste Tier an der Nordseeküste ist den meisten Urlaubern wohl der Seehund. Manchmal sieht man ihn schon von der Fähre aus auf den Sandbänken liegen, sonst unternimmt man eine auf allen Inseln angebotene Fahrt zu den Seehundsbänken.

Da liegen die Tiere, wenn das Watt trockengefallen ist, und

sammeln Kräfte für die Jagd im zurückkehrenden Wasser. Ihre bevorzugte Nahrung sind Plattfische, sie begnügen sich aber auch mit Garnelen. Seehunde, die ja Meeressäuger sind, können bis zu 40 Minuten lang unter Wasser bleiben. Sie werden bis zu 100 Kilo schwer und 1,50 bis 1,80 Meter lang. Ihre Ranzzeit, die Paarungszeit, beginnt Ende Juli und hält bis in den September hinein an. Die Begattung wird im Wasser vollzogen. Nach zehn Monaten Tragezeit werden ab Mitte Juni die ersten Jungen geworfen – unglücklicherweise genau in der touristischen Hochsaison, wenn Ausflugsdampfer und Sportboote die Seehunde am meisten stören. Kommen die Boote den Seehunden zu nahe, flüchten sie ins Wasser. Das Säugen der Jungtiere wird unterbrochen, Jungtiere scheuern sich auf der Flucht den noch empfindlichen Nabel wund. Eine Entzündung endet oft tödlich. Bei der Flucht versucht das Jungtier durch klagende Geräusche Kontakt zu halten. Wind- und Strömungsgeräusche können jedoch dazu führen, daß der Heuler den Anschluß an seine Kolonie verliert und verhungert.

Andere Gefahren für die Seehunde sind Epidemien, wie sie zuletzt 1988 auftraten. Damals reduzierte sich die Zahl der Seehunde im Niedersächsischen Wattenmeer von etwa 2500 auf gut 1000 Tiere. Inzwischen hat sich der Bestand wieder erholt: 1996 wurden im Niedersächsischen Wattenmeer über 3500 Seehunde gezählt.

Umweltschutz

Eine möglichst intakte Umwelt ist für alle Inseln lebensnotwendig. Deswegen wird viel für den Umweltschutz getan. Das ist auf den Inseln besonders kostenintensiv, da alle Einrichtungen für ein Vielfaches der Einwohnerzahl angelegt sein müssen. So kann die Kläranlage auf Norderney, das nur 6460 Einwohner zählt, die Abwässer von 50 000 Menschen verarbeiten.

Der Müll wird auf allen Inseln getrennt gesammelt, gepreßt und aufs Festland transportiert. Auf Norderney sind das beispielsweise 10 000–12 000 Tonnen jährlich.

Die Luft ist sauber; geheizt wird nahezu ausschließlich mit Erdgas. Auf Borkum und Norderney stellen allerdings die zahlreichen Urlauberautos ein Problem dar, gegen dessen radikale Lösung sich vor allem die Reedereien wenden, die enorme Einbußen durch ein Autoverbot befürchten.

Die Marco Polo Bitte

Marco Polo war der erste Weltreisende. Er reiste in friedlicher Absicht, verband Ost und West. Er wollte die Welt entdecken, fremde Kulturen kennenlernen, nicht zerstören. Könnte er für uns Reisende des 20. Jahrhunderts nicht Vorbild sein? Aufgeschlossen und friedlich sollte unsere Haltung auf Reisen sein. Dazu gehören auch Respekt vor Mensch und Tier und die Bewahrung der Umwelt.

WWF

CONDITOREI
CAFE
MARIEN
-HÖHE

Een beeten good un een beeten veel

Ein bißchen gut und ein bißchen viel – so wünscht sich der Ostfriese sein Essen

Wer auf eine Insel fährt, will frischen Fisch essen. Fischkutter freilich gibt es nur noch auf wenigen Inseln; was in den Restaurants in unzähligen Variationen auf den Tisch kommt, ist entweder in Bremerhaven angelandet worden oder stammt aus den Fängen Norddeicher und Greetsieler Kutter. Immer ostfriesischer Herkunft sind hingegen die Garnelen, die die Binnenländer als Krabben, der Ostfriese aber als *Granat* bezeichnet. Sie leben in Unmengen im Wattenmeer und können bedenkenlos gegessen werden. Anders verhält es sich da mit den Miesmuscheln, die Kritiker als biologisches Klärwerk voller Schwermetallrückstände bezeichnen und die stark im Bestand gefährdet sind. Von Überfischung zeugt nach Meinung der Ökologen auch das Angebot von Babyschollen und anderen Jungfischen.

Abgesehen von Fisch und Granat findet man nur selten norddeutsche Spezialitäten auf den Speisekarten. Manchmal wird *Labskaus* angeboten, ein traditionelles Seemannsessen aus Kartoffelpüree und Pökelfleisch mit Matjeshering, Spiegelei und Rote-Bete-Salat. Gelegentlich gibt es *Bohnen mit Speck* oder traditionelle *Speckpfannkuchen,* relativ häufig Milchreis mit Früchten. Deftige Delikatessen sind *Zwischenahner Räucheraal* sowie *Kohl und Pinkel* – eine Spezialität aus dem Bremer und Oldenburger Raum. Hierfür wird Grünkohl zusammen mit verschiedenen Würsten, Fleischsorten und eben Pinkel gekocht – einer Mischung aus Gewürzen, Speck, Flomen (Schweinebauchfett) und vor allem Hafergrütze. Im Herbst werden die Speisekarten durch frische Wildgerichte von den Inseln angereichert: vor allem Fasane, Enten und Rehe gibt es hier genug. Die vielen Beeren, die auf den Inseln wachsen, ergeben eine hervorragende *rote Grütze,* die mit frischer Sahne oder Vanillesoße übergossen ein beliebter Nachtisch ist. Wer nach einem kräftigen Essen eher zu einem Schnäpschen neigt, sollte einmal einen brennenden *Friesengeist* probieren, der freilich auch schon vor dem Essen schmeckt.

Rundum Sonne: Café Marienhöhe auf Norderney

Kunsthandwerk und Maritimes

Vom Nordsee-Geist bis zum Orientteppich, vom Buddelschiff bis zum Goldschmuck ist manches zu haben

Die Zahl der Geschäfte auf den Inseln ist zwar relativ klein, aber zumindest der Urlauber kann hier fast alles finden, was er für unbeschwerte Ferientage oder als Mitbringsel für sich und die Daheimgebliebenen braucht. Kulinarische Souvenirs sind beliebt: Ostfriesische Teemischungen gibt es zwar überall in Deutschland, aber hier werden sie auch in schönen Verpackungen zusammen mit *Kluntjes* (Kandiszucker) angeboten. Frisch geräucherter Fisch, am letzten Urlaubstag gekauft, trägt den Geschmack des Meeres bis ins Binnenland. Phantasievoll sind die Namen für zahllose ostfriesische Schnäpse und Liköre. Das Angebot reicht vom *Watt'n Geist* (Weizenkorn) zum *Moorfeuer* (Halbbitter-Likör), vom *Nordsee-Geist* (Genever mit Kräutern und Früchten) bis zum *Ostfriesischen Teelikör.* Auch Gesünderes ist zu haben: Saft aus den allgegenwärtigen Beeren des Sanddorns oder Konfitüren und Gelees aus den Wildbeeren und -früchten der Inseln. Wer gern Süßes mag, kann sich an Bonbons in Gestalt von Möweneiern oder an Muscheln aus köstlicher Schokolade erfreuen. Auf fast jeder Insel ist mindestens ein Kunsthandwerker zu Hause. So kann man insulare Keramikwaren erstehen, Silber- und Goldschmuck oder gar Tiffany-Glas made in Wangerooge. Zahlreich sind Aquarelle und Ölgemälde mit Insel- oder Nordseemotiven; mit Anselm Prester von Langeoog, Ole West von Norderney und Monika Ploghöft von Wangerooge arbeiten sogar überregional bekannte Künstler auf den Inseln. Auch haben sich auf mehreren Inseln Antiquitätenhändler vom Festland niedergelassen.

Inseltöpferei auf Juist

Zu den gängigen Souvenirs gehören Buddelschiffe und schöne Bildbände, Maritimes wie Schiffsuhren und -ruder und selbstgesammelte Muscheln vom Nordseestrand oder gekaufte aus Südsee und Karibik.

Lebensmittel sind auf den Inseln in gleicher Auswahl und Qualität erhältlich wie auf dem Festland. Das Preisniveau ist etwas höher als jenseits des Watts – aber man muß ja auch im Sommer für den langen Winter mitverdienen.

Shanty-Chor und Symphonieorchester

Für den Kurgast zeigt man viel Engagement

In den Sommermonaten bieten die Inseln ihren Gästen ein vielfältiges Programm, das durch Aushang und durch ein- oder zweimonatlich gedruckte Veranstaltungskalender bekanntgegeben wird. Dazu gehören Diavorträge über die Inseln und das Wattenmeer, ein Spielfilm über Sturmfluten an der Nordseeküste, naturkundliche Führungen und Ortsrundgänge.

Oft sorgen die Insulaner auch selbst für die Abendunterhaltung ihrer Gäste. Es gibt Shanty-Chöre, die alte Seemannslieder singen, und Volkstanzgruppen, die bei Inselabenden auftreten. Laienspielgruppen präsentieren nicht nur niederdeutsche Mundartschwänke, sondern wagen sich auch an ernstere Theaterstücke. Auf Wangerooge existiert sogar ein Inselkabarett. Außerdem werden auswärtige Bühnen zu Gastspielen eingeladen. Auch die Kirchen sind aktiv und laden außer zu Gottesdiensten zu Gesprächskreisen, Vorträgen und Konzerten ein.

Man sieht sie nur noch zu besonderen Anlässen: ostfriesische Trachten

Musikalische Unterhaltung wird auf den Inseln großgeschrieben. Solisten und Ensembles kommen zu Gastauftritten auf die Inseln; regelmäßig finden bei gutem Wetter Kurkonzerte im Freien statt. Norderney unterhält noch ein eigenes Kurorchester. Besonders beliebt sind seine Wunschkonzerte, es bringt aber auch größere symphonische Werke zur Aufführung.

Zum Kreativangebot gehören Mal- und Bastelkurse und auf Juist sogar ein Zauberkurs. Für die Unterhaltung der Kinder ist überall durch ein besonders umfangreiches Angebot gesorgt. Es wird gemalt, gespielt und vorgelesen.

FEIERTAGE

1. Januar *Neujahrstag,*
Karfreitag,
Ostermontag,
1. Mai *Tag der Arbeit,*
Himmelfahrt,
Pfingstmontag,
3. Oktober, *Tag der Deutschen Einheit,*
1. und 2. Weihnachtsfeiertag.

Die rein katholischen Feiertage sind in Niedersachsen normale Werktage.

Das Dornröschen der Nordsee

Die kleinste der sieben Inseln kann man in drei Stunden zu Fuß umrunden

Nur 30 Minuten dauert die Überfahrt von Neßmersiel nach Baltrum (**110/A-B 2-3**). Die Fähre kommt dabei dicht an der Ostspitze Norderneys vorbei, wo häufig Seehunde auf dem Sand liegen oder im Fahrwasser jagen. Noch im 17. Jh. befand sich dort der Baltrumer Westkopf – aber wie alle Inseln wanderte auch die kleinste der Ostfriesischen Inseln im Laufe der Jahrhunderte nach Osten. Erst mit dem Beginn der Küstenschutzmaßnahmen im Jahre 1873 setzte man dieser ständigen Bewegung ein Ende.

Die 509 Baltrumer wohnen heute in zwei Siedlungen, die nahtlos ineinander übergehen: dem größeren West- und dem kleineren Ostdorf. Um 1890, als Baltrum nur 155 Einwohner zählte, standen im Westdorf 29, im Ostdorf 11 Häuser.

Von den Häusern des 19. Jhs. sind nur noch wenige erhalten. Neubauten aus den letzten vier Jahrzehnten bestimmen den Anblick, aber auf Baltrum hat man Maß gehalten. Die Landebahn

So fängt der Urlaub an: von der Fähre auf den Pferdekarren

Hotel- und Restaurantpreise

Hotels
Kategorie 1: über 200 Mark
Kategorie 2: 100 bis 200 Mark
Kategorie 3: bis 100 Mark

Preis pro Nacht für zwei Personen im Doppelzimmer mit Frühstück in der Hauptsaison.

Restaurants
Kategorie 1: über 30 Mark
Kategorie 2: 20 bis 30 Mark
Kategorie 3: unter 20 Mark

Die Preise gelten für ein Hauptgericht ohne Vor- und Nachspeise und ohne Getränk.

Ladenöffnungszeiten

Wenn nicht anders angegeben, gelten auf den Inseln die Kernöffnungszeiten werktags von 9/10 bis 12 Uhr und 15 bis 18 Uhr.

des Flugplatzes ist eine Graspiste von bescheidenen 425 Meter Länge. Hochhäuser, die die Landschaft verschandeln, fehlen ebenso wie allzu große Apartmentblocks und Kliniken; selbst das Hallenbad ist harmonisch in die Dünenlandschaft eingefügt. Das ist ohnehin ein Merkmal des Westdorfes: Kleine Dünen bestimmen dort das Bodenprofil, die Häuser sind auf Dünen und in Dünentäler hineingebaut.

Mit einer Fläche von nur 6,5 Quadratkilometern ist Baltrum gut überschaubar. Die Straßen tragen keine Namen: Die Hausnummern werden chronologisch quer durch den Ort vergeben. Das abendliche Leben beschränkt sich auf wenige Lokale; man trifft überall auf schon bekannte Gesichter. Für die Unterhaltung ihrer Gäste sorgen die Baltrumer selbst; mit einer singenden Gitarrengruppe, einem Shanty-Chor und einem exzellenten Amateurtheater. Da merkt man, daß sie stolz sind auf die Insel, die sie selbst das Dornröschen der Nordsee nennen.

Einst Schiffs-, dann Kirchenglocke der Alten Kirche von Baltrum

BESICHTIGUNGEN

Alte Kirche

Das kleine Gotteshaus aus der Zeit um 1830 zeigt anschaulich, wie wenig Einwohner die Insel zu jener Zeit hatte. Aus dem Windfang kann man durch die Glastür einen Blick in den ansprechend restaurierten Innenraum mit rotem Klinkerboden, blauen Bänken, weißen Wänden und blauer Decke werfen. Im Hof der Kirche hängt im hölzernen Glockenstuhl die Inselglocke, eine holländische Schiffsglocke, die vom Sturm an den Strand gespült wurde. Gleich neben der Kirche steht auch die alte Inselschule von 1888. *Haus 8, Westdorf; evangelische Andacht Mo und Fr 19.30 Uhr*

Dünental

★ Eine der schönsten Kleinlandschaften auf Baltrum ist das große Dünental, das sich etwa 1000 Meter lang und bis zu 300 Meter breit zwischen den Weißdünen im Norden und den Graudünen im Süden erstreckt. Teile der nur ein Meter über dem Meeresspiegel gelegenen Talsohle stehen unter Wasser und werden von Schilf bedeckt; andere typische Pflanzen für das Dünental sind Vogelbeere und Schwarzer Holunder, Grauweide, Sand- und Weißdorn. Die Wasserflächen sind Heimat vieler Kreuzkrö-

MARCO POLO TIPS FÜR BALTRUM

1 Dünental
Bei Wanderungen durch das Tal hört man die »Baltrumer Nachtigall« (Seite 26)

2 Katholische Inselkirche
Moderne Glasfensterkunst für den Schutzheiligen aller Seefahrer (Seite 27)

ten, die die Insulaner ihrer kraftvollen Frühjahrskonzerte wegen auch ganz romantisch »Baltrumer Nachtigallen« nennen. Man kann das Dünental auf mehreren Wegen in allen Richtungen durchwandern, den schönsten Überblick verschafft die Aussichtsdüne am Klärwerk.

Katholische Inselkirche

★ Das dem hl. Nikolaus geweihte Gotteshaus ist mit ausgezeichneten Werken moderner Glasmalerei geschmückt. Kern der 1956 erbauten Kirche ist ein überkuppelter Rundbau, dessen drei Kupfertüren sich zu einem kreissegmentförmigen Atrium öffnen. In den Umgängen des grasbewachsenen Innenhofes sind Stühle für sommerliche Veranstaltungen aufgestellt. Der Rundbau und die Umgänge sind reetgedeckt.

Der marmorne Altar in der »Winterkirche« hat die Form einer Muschel, Licht fällt durch vier farbige Glasfenster ein. Die Außenwände des Atriums sind seit 1957 mit 14 Glasfenstern aus der Werkstatt der nordrhein-westfälischen Künstlerin Margarete Franke geschmückt. Sie erzählen in eindrucksvoller Klarheit und mit kräftigen Farben Legenden aus dem Leben des hl. Nikolaus. Ein sehr guter illustrierter Führer ist im örtlichen Buchhandel erhältlich. *Haus 34, Westdorf, tagsüber frei zugänglich*

Nationalpark-Informationszentrum

Im Nordseehaus Baltrum, einem der ersten Häuser am Weg vom Hafen ins Dorf, informiert die Nationalparkverwaltung anschaulich über biologische und ökologische Aspekte des Wattenmeeres. Tot aufgefundene und anschließend präparierte Vögel und Seehunde wurden in Landschaftspanoramen eingefügt; in kleinen Aquarien ist lebende Meeresfauna zu sehen. Kindgerechte Videofilme informieren über die Inselwelt. Ein Teil des Obergeschosses wird als »Inselkammer« vom Heimatverein für eine kleine Ausstellung genutzt, die einmal den Kern eines Heimatmuseums bilden könnte. *Di–Fr 10–12 und 15–19 Uhr, Sa und So 15–19 Uhr, Eintritt frei, Haus 177, Westdorf*

RESTAURANTS/CAFÉS

Dünenschlößchen

Restaurant mit Blick über Heller und Watt auf das Festland. Auf der großen Karte findet man auch Eintopf- und vegetarische Gerichte; Hummer wird auf Vorbestellung serviert. *Di–So ab 8.30 Uhr, Mittagessen 11.45–13 Uhr, Abendessen 18–20.30 Uhr, Haus 48, Ostdorf, Tel. 04939/912 30, Kategorie 2*

Teestube
Außer dem klassischen Tee werden hier auch selbstgebackene Kuchen, mehrere Eisvariationen und kleine Gerichte geboten. Bei schönem Wetter sitzt man draußen auf der Terrasse. *Fr–Mi (Juli/Aug. tgl.) 11–23 Uhr, Küche 11.30–13.30 und 18–20.30 Uhr, Haus 149, Westdorf, Tel. 04939/600, Kategorie 2*

Witthus an't Brüg
Gepflegtes Restaurant mit blumenreicher Terrasse. Am Nachmittag locken warmer Apfelstrudel mit heißer Vanillesoße und Eis oder Kartoffelkuchen ohne Mehl und Fett; mittags und abends wird die Speisekarte durch eine große Auswahl an deutschen und französischen Weinen ergänzt. *Tgl. 8–22 Uhr, warme Küche 11.45–22 Uhr, Haus 137, Westdorf, Tel. 04939/911 90, Kategorie 1–2*

EINKAUFEN

Feldmanns Fisch-Ecke
Unterhalb der Aussichtsdüne verkauft der kleine Laden Fisch aus eigener Räucherei, Frisch- und Bratfisch auch zum Mitnehmen in die Heimat. *Mo–Fr 9 bis 13 und 15–18.30 Uhr, Sa 9–13 und 17–18.30 Uhr, So 10–13 Uhr, Haus 183, Ostdorf*

Töpferei Brookmerland
In der kleinen Filiale einer ostfriesischen Töpferei werden Vasen, Teeservice, Kaffeebecher, Duftspender usw. verkauft. *Öffnungszeiten saisonabhängig (siehe Aushang im Laden), Haus 57, Westdorf*

ÜBERNACHTUNG

Dünenschlößchen
Bestes Hotel am Wattenmeer. *40 Zi., Haus 48, Ostdorf, Tel. 04939/912 30, Fax 91 23 13, Kategorie 1–2*

Haus Antje
Pension mit kurmedizinischen Angeboten wie Massagen und Fangopackungen im Haus. *11 Zi., Haus 148, Westdorf, Tel. 04939/247, Fax 13 29, Kategorie 2*

Haus Störtebeker
Nichtraucherpension; auf Wunsch Halbpension mit Vollwertkost. *10 Zi., Haus 167, Westdorf, Tel./Fax 04939/295, Kategorie 3*

Strandhotel Wietjes
Bestes Haus der Insel, direkt an der Strandpromenade gelegen. Sauna und Solarium im Keller. Der Seniorchef ist Jäger; im Restaurant ist auf Vorbestellung Inselwild erhältlich. *39 Zi., Haus 58, Westdorf, Tel. 04939/918 10, Fax 91 81 91, Kategorie 1*

KUR, SPIEL UND SPORT

Hallenbad/Sauna
Ab 1999 neues Meerwasser-Hallenbad mit Sauna- und Badelandschaft, Kureinrichtungen, Mutter-Kind-Becken, Cafeteria. *Haus 240, Westdorf*

Kajak
Sit-on See-Kajaks (flache Bretter, in denen man fast direkt auf dem Wasser sitzt) am Strandübergang westlich des Kurzentrums. *Auskunft: Haus Nordseeblick, Haus 133, Tel. 04939/553, Fax 13 81*

Kegeln
Eine Scherenkegelbahn befindet sich im Restaurant *Witthus an't Brüg*.

Kuren
Kurzentrum Baltrum, Haus 205

Reiten
Ausritte für Anfänger und Fortgeschrittene, aber kein Reitunterricht durch *Heinz und Thea Seiffert, Haus 114, Tel. 04939/347, Fax 13 87.*

Strandgymnastik
Die Kurverwaltung lädt im Sommer täglich um 10 Uhr zum Strandlauf mit Strandgymnastik ein.

Tennis
Drei Kunstrasenplätze stehen zur Verfügung. Kurgäste, die mindestens zehn Übernachtungen gebucht haben, können am jährlichen Gästeturnier Ende Juli teilnehmen. *Zwischen Meerwasser-Wellenbad und Kurzentrum, Westdorf.* Auskunft und Anmeldung bei *Edith Bock, Haus 136, Tel. 04939/288 und 699.* Tennisunterricht durch die *Tennisschule Wietjes, Haus Nr. 133, Tel. 04939/553*

Veranstaltungen
Haus des Gastes (»Turnhalle«), Haus 112

Windsurfen
Ausbildung und Brettverleih an der Strandpromenade beim *Strandhotel Wietjes. Ulfert Mammen, Haus 192, Tel. 04939/433*

AM ABEND

Kiek
Gemütliche Kellerkneipe an der Grenze zwischen West- und Ostdorf. *Tgl. ab 21 Uhr, außerhalb der Hochsaison Do–Di ab 22 Uhr, Haus 123, Tel. 04939/89 24*

Kino
Zweimal wöchentlich werden in der *Turnhalle* auch topaktuelle Filme gezeigt. *Haus des Gastes, Haus 112*

Sturm-Eck
Das Bier- und Weinlokal hat meist noch geöffnet, wenn in den anderen Insellokalen schon die Lichter ausgegangen sind. 40 Plätze am Tresen fördern die Kommunikation ebenso wie Pils, Alt und Kölsch vom Faß. *Mi–Mo 11–13 und 19 bis mindestens 24 Uhr, außerhalb der Hochsaison Di Ruhetag, Haus 7, Westdorf, Tel. 04939/239*

AUSKUNFT

Kurverwaltung
Postfach Haus 130, 26572 Baltrum, Tel. 04939/800, Fax 80 27, www.baltrum.de

Zimmervermittlung
Tourist-Info am Hafen. *Mo–Fr 8.30–12 und 13.30–17 Uhr, Tel. 04939/40 03, Fax 91 40 05.* Außerhalb der Bürozeiten *Tel. 04931/92 23 55.* Ein Computer am Hafen von Neßmersiel und vor der Tourist-Info von Baltrum gibt aktuell Auskunft über am gleichen Tag noch freie Zimmer. Sie ist auch über Internet abfragbar: *www.tmz.de*

AUSFLUGSZIELE

Von Baltrum werden Tagesausflüge per Schiff nach Juist, Langeoog, Norderney und Spiekeroog angeboten. Gelegentlich stehen auch Fahrten nach Helgoland via Norderney auf dem Programm.

Inmitten der Wogen

Das Hochseeklima der größten der Ostfriesischen Inseln ist für Kuren besonders gut geeignet

Die alten Römer sind anscheinend immer für die Fremdenverkehrswerbung gut. Und weil ein römischer Schriftsteller 7 v. Chr. eine Insel namens Burchana ungefähr an der Stelle nennt, wo heute Borkum (**108–109/B–E 1–3**) liegt, feierte man dort 1993 ganz locker das 2000jährige Inseljubiläum. Mit dem Lateinischen haben es die Börkmers ja schon lange gehalten. »Mediis tranquillus in undis« steht in ihrem Inselwappen: Geborgen inmitten der Wellen.

In der Tat liegt Borkum weiter vom Festland entfernt als alle anderen Ostfriesischen Inseln. Die Überfahrt mit der Autofähre von Emden her dauert etwa 135 Minuten. Vom Hafen führen eine Straße und die historische Inselbahn ins Zentrum des Inselstädtchens, das glücklicherweise weitgehend autofrei ist. Die Insulaner betrachten die Pkw der Gäste nur als »fahrbare Koffer«, die möglichst wenig bewegt werden sollten. Es gibt ja schließlich genug Leihfahrräder und Kutschen und sogar einen gut funktionierenden Linienbusverkehr.

In der Stadt Borkum im Westen der Insel leben fast alle 5970 Insulaner. Hier stehen auch die meisten der mehr als 18 000 Fremdenbetten. Außerordentliche Schönheit wird dem in der Nachkriegszeit ausgeuferten Ort niemand zusprechen wollen, doch abgesehen vom Großparkplatz am Innenstadtrand und dem 1970 erbauten Meerwasser-Hallenbad fallen nur wenige architektonische Fehlleistungen ins Auge. Die Stadt ist während der Saison lebhaft, aber nicht laut: Vor allem die *Bismarck-* und die *Franz-Habich-Straße* laden zum Einkaufs- und Kneipenbummel ein. Romantiker zieht es zum *Ostland,* einem winzigen Weiler, in dem die letzten beiden Inselbauern ihre Höfe haben. Hier kann man in zwei schönen Kaffeegärten die Landschaft genießen. Bis hierher fährt auch der Bus.

Noch weiter nach Osten kommt man nur zu Fuß oder per Rad. Natur pur erwartet dort den Besucher ebenso wie in vielen anderen Inselecken. Vielleicht sieht man sogar eins der Inselrehe. 150 Tiere soll es zur Freude der 25 Jäger der Insel geben.

☛ **Stadtplan in der hinteren Umschlagklappe**

BESICHTIGUNGEN

Alter Leuchtturm **(U/C 9)**

Der 1576 durch die Emder Kaufmannschaft finanzierte

Der Elektrische Leuchtturm von Borkum ist der farbenfrohste

Leuchtturm dient den Schiffern in Verbindung mit Baken und dem Neuen Leuchtturm noch immer als Peilmarke. Am Fuße des Leuchtturms sind einige geschichtenreiche Grabsteine aus der Walfängerzeit erhalten. *Besteigung Mo, Mi, Sa 10.30–11.30 Uhr, Juli–Sept. auch Fr, Kirchstr.*

Feuerschiff Borkumriff **(109/D 3)**

★ Das über 53 m lange, mit einem Leuchtfeuer ausgestattete Feuerschiff war von 1956 bis 1988 in der Emsmündung verankert und diente als Seezeichen. Heute werden Feuerschiffe immer mehr durch Leuchttürme ersetzt. So kann man die Borkumriff besichtigen und erfährt dabei einiges über das Leben der 13köpfigen Besatzung an Bord, sieht den Maschinenraum und die Brücke. Eine kleine, lieblose und enttäuschende Ausstellung der Nationalparkverwaltung ist ebenfalls an Bord untergebracht. *Osterferien–Okt. Di–So Führungen 9.45, 10.45, 11.45, 13.45, 14.45 und 16.15 Uhr, sonst Di, Do, Sa 14 bis 15.30 Uhr, Schutzhafen*

Greune Stee **(U/E–F 12)**

Ein Rundwanderweg führt durch dieses schönste und größte Wäldchen der Insel. In der Greunen Stee (Grüne Stelle) wachsen Kiefern, Birken und Schwarzerlen in einer um 1815 durch einen Meereseinbruch entstandenen sumpfigen Mulde. Darin laichen Lurche und Kreuzkröten, brüten Korn- und Rohrweihen. Beginn des Wanderwegs, von dem nicht abgewichen werden darf, an der *Deichscharte* und am *Greune-Stee-Weg*. Geführte Wanderungen werden angeboten.

Inselbahn **(108/B 8–D 9)**

Zwischen Fährhafen und Stadtzentrum verkehrt schon seit 1888 eine Inselbahn mit 90 cm Spurweite, die für die durchgehend

Ein stabiler Zaun aus den Kinnladen von Walen

MARCO POLO TIPS FÜR BORKUM

1 **Feuerschiff Borkumriff**
Erfahren, wie hart das Berufsleben bei Wind und Wetter sein konnte (Seite 32)

2 **Heimatmuseum Dykhuus**
Über den Walfang staunen und sehen, wie man früher auf Borkum lebte (Seite 34)

3 **Nordsee-Hotel**
Traditionsreiches Haus mit Kurbetrieb (Seite 36)

4 **Fischerkate**
Das einzige reine Fischrestaurant (Seite 35)

5 **Windy**
Jeder Drachenwunsch wird erfüllt (Seite 36)

zweigleisig ausgebaute Strecke 17 Minuten Fahrzeit benötigt. Für militärische Zwecke wurde das Schienennetz ab 1902 ständig erweitert und erreichte im Zweiten Weltkrieg eine Länge von 45 km; nach Kriegsende mußten jedoch alle Schienen, außer denen vom Hafen zum Ort Borkum, abgebaut werden. Im Linienverkehr werden die schicken Nostalgiewaggons von mit Rapsöl betriebenen Dieselloks gezogen; an vielen Tagen gibt es aber auch Sonderfahrten mit einer historischen Dampflok.

Neuer Leuchtturm **(108/B 3)**
Eine Wendeltreppe mit 308 Stufen führt auf den 60 m hohen Turm hinauf, dessen Leuchtfeuer bei klarer Sicht noch in 38 km Entfernung zu sehen ist. *April bis Okt. tgl. 10–11.30 und 15–17.30 Uhr, Mo, Mi, Fr, Sa auch 19–21 Uhr, Nov. bis März Di, Fr, So 15–16.30 Uhr, Strandstr.*

Nordsee-Aquarium **(U/B 11)**
In 26 Becken sieht man Lebewesen aus der Nordsee, darunter Scholle und Steinbutt, Quallen und Hummer. *März–Okt. tgl. 10 bis 12 und 14–17 Uhr, Bürgermeister-Kieviet-Promenade*

Tüskendörsee **(108/C 1–2)**
Der unter strengem Naturschutz stehende See entstand erst in diesem Jahrhundert durch Sandentnahme für die Deicherhöhung. Der See liegt auf dem Tüskendörheller, der bis zum Deichbau 1864 öfters überflutet wurde und dann die Insel in zwei Teile teilte. So erklärt sich auch der Name: *Tüskendör* bedeutet auf Platt »Zwischendurch«. Mit dem Feldstecher kann man die Vogelwelt beobachten. Um sie zu schützen, ist das Betreten der Uferzonen verboten! Es werden aber geführte Wanderungen angeboten.

Walzaun **(U/C 9)**
Der schönste noch erhaltene Zaun aus den teilweise zwei Meter hohen Kinnladen von Walen säumt die Kirchstraße am evangelisch-reformierten Pfarrhaus. Hier stand im 18. Jh. das Haus des Walfang-Kommandeurs Roelof Gerritz Meyer (1710–1797), der in 44jähriger Fahrenszeit 270 Wale erlegte. *Frei zugänglich, Wilhelm-Bakker-Str. 3*

Waterdelle **(U/E–F 7)**
Die unter Naturschutz stehende »Wassermulde« war Teil des Meeresdurchbruchs, der den Westen vom Osten Borkums bis 1864 trennte. Gepflasterte Wege erschließen das 87 Hektar große Areal mit seltenen Pflanzen und vielen Brutvogelarten. Ein flacher See trocknet jeden Sommer aus und ist dann nur noch an seinem Schilfgürtel zu erkennen. Die Waterdelle ist neben dem Ostland das zweite Grundwassergewinnungsgebiet der Insel. Wanderwege erschließen das gesamte Gebiet.

MUSEEN

Heimatmuseum Dykhuus **(U/C 9)**
★ Die heimatkundliche Sammlung Borkums ist in einem für Ostfriesland typischen *Gulfhaus* untergebracht, das auf einer Warft nahe dem ersten Deich steht, der überhaupt auf der Insel errichtet wurde. Charakteristisch für ein Gulfhaus ist das gemeinsame Dach für Wohnräume, Stall und Scheune. Anders als beim niederdeutschen Hallenhaus sind Wohn- und Wirtschaftsräume hier aber ansonsten deutlich voneinander getrennt.

Die einstigen Wohnräume sind als Zimmer mit historischen Möbeln, land- und hauswirtschaftlichen Geräten eingerichtet. Auch eine Ausstellung zur Geschichte der Borkumer Walfänger ist zu sehen. Hier erfährt man zum Beispiel, daß die Walfänger des 18. Jhs., wie modebewußte Männer heute, goldene Ohrringe trugen. Damals allerdings erfüllten sie eine Funktion: Sie sicherten dem Seemann notfalls in der Fremde ein christliches Begräbnis.

Der ehemalige Stall wird jetzt Borkumhalle genannt und zeigt allerlei Objekte und Dokumente aus der Inselgeschichte. In einem neueren Anbau sind u. a. ein Ruderrettungsboot, nautische Geräte und Modellschiffe zu sehen. Ein letzter Raum präsentiert eine Sammlung präparierter Vögel, einen Seehundschädel, Versteine-

Ostfriesische Teestunde

Die Ostfriesen haben das Teetrinken zwar nicht erfunden, aber in besonderer Weise kultiviert. Bedeutender noch als die spezielle ostfriesische Mischung, bei der kräftige Assam-Sorten dominieren, sind die Zubereitung und die Trinkzeremonie. Die Teeblätter werden in einer dünnwandigen Porzellankanne mit kochend heißem Wasser überbrüht und müssen mindestens drei Minuten ziehen. Dann wird die Kanne auf ein Stövchen gestellt. Zunächst kommen zwei große Stück Kandiszucker – Kluntjes genannt – in die Tasse, die herrlich knistern, wenn der heiße Tee darüber gegossen wird. Dann hebt man Sahne mit einem Löffel vorsichtig in die Tasse, rührt sie aber nicht um. Sie muß wie eine Wolke im Tee zergehen. Der höfliche Gast trinkt mindestens drei Tassen, bevor er wieder aufsteht – und der gute Ostfriese trinkt seinen Tee nach alter Überlieferung mindestens viermal am Tag.

rungen und als Kuriosum eine Kollektion mit Sand von Stränden aus aller Welt, die in ehemaligen Gläsern für Babybrei aufbewahrt wird. *April–Okt. Di–So 10–12 und 16–18 Uhr, sonst Di und Sa 15–18 Uhr, Roelof-Gerritz-Meyer-Straße am Alten Leuchtturm*

Schiffahrtsmuseum **(U/A 9)**
Nach historischen Bauplänen gearbeitete Schiffsmodelle, eine schöne Sammlung von Elfenbeinschnitzereien und ein Film über Schiffahrt und Sturmfluten. *Tgl. 10–12 und 15–18 Uhr, in der Kurhalle an der Strandpromenade*

RESTAURANTS/CAFÉS

Austernfischer **(U/B 9)**
Gute bürgerliche Küche, große Auswahl, auch Pfannkuchen-Spezialitäten. *Di–So 11.30–14 und 17.30–22 Uhr, Hindenburgstr. 8, Tel. 04922/918 90, Kategorie 2*

Bauernstuben **(109/C 1)**
Rustikales Lokal mit großer Gartenterrasse. Tagesgerichte. *Tgl. 10 bis 21 Uhr, Mittagessen 11.30 bis 13.45 Uhr, Abendessen 18–20.45 Uhr, im Winter Mi geschl., Ostland 3, Tel. 04922/35 04, Kategorie 2*

Café Seeblick **(108/B 1)**
Café und Restaurant sind einsam auf dem Deich am Naturschutzgebiet Waterdelle gelegen. Große Terrasse. *Tgl. 10–22 Uhr in der Hauptsaison, Do–Di 10–18 Uhr in der Nebensaison, Tel. 04922/33 71, Kategorie 2*

Delfter Stuben und Fischerdorf **(U/B 10)**
Erste Adresse für Fisch. Der hintere Restaurantteil ist wie ein kleines Fischerdorf gestaltet. *Tgl. 11–14 und 17–22 Uhr, Bismarckstr. 6, Tel. 04922/20 11, Kategorie 1*

Fischerkate **(U/A 7)**
Einziges Restaurant der Insel, in dem nur frischer Fisch und frische Meeresfrüchte serviert werden. Zu den ausgefalleneren Kreationen gehören Carpaccio vom Seeteufel, Kohlrouladen mit Kabeljaufüllung und Sülze vom Räucheraal. *Do–Di 11.30–14 und 17.30–22 Uhr, Hindenburgstr. 99 (Bushaltestelle LVA-Klinik), Tel. 04922/38 44, Kategorie 1*

Metzger-Grill Wilhelm Rau **(U/B 10)**
Schnellimbiß mit riesiger Auswahl, darunter auch Eintopf- und Tellergerichte mit Gemüse. *Mo–Sa 11–21 Uhr, Neue Str. 30, Tel. 04922/23 56, Kategorie 3*

Princess-Garden **(U/A 10)**
Erstklassiges Chinarestaurant; viele Gerichte mit Hummerkrabben. Spezialität des Hauses sind die Ti-Ban-Gerichte, die in heißer Gußeisenpfanne serviert werden. *Tgl. 11.30–14.30 und 17.30–23.30 Uhr, Bismarckstr. 36, Tel. 04922/18 15, Kategorie 1*

Teestübchen **(U/B 10)**
Ostfriesisch-gemütlich mit Ostfriesen-Tee und selbstgebackenem Kuchen. *Tgl. 14–18 Uhr, tgl. auch 20–22 Uhr, Bahnhofspfad 3, Tel. 04922/33 86*

Upholm-Hof **(U/E 9)**
Das originelle Restaurant liegt auf zwei Ebenen in einer ehemaligen Scheune; draußen lockt im Sommer ein großer Biergarten mit Grillhütte und ein Spielplatz für die Kinder. *Tgl. ab 11 Uhr, Mittagessen 11.30–14 Uhr, Abendessen*

17.30–22 Uhr, Upholmstr. 45, Tel. 04922/41 76, Kategorie 2

EINKAUFEN

Byl's Fisshus
Die Inhaber dieses Fischimbisses betreiben als einzige Borkumer noch zwei Fischkutter. Hier gibt es Krabben, Muscheln und natürlich Fisch. *Specksniederstrate 15* **(U/E 11)** *und Wilhelm-Bakker-Str. 1* **(U/C 9)**

Insel-Galerie **(U/B 10)**
Handgearbeiteter Schmuck, Aquarelle und Farbradierungen, künstlerisches Glas und mundgeblasene Buddelschiffe. *Bismarckstr. 14*

Tattoo **(U/B 10)**
Jacqueline Hönicke tätowiert jedes gewünschte Motiv an jeden gewünschten Platz. *Tgl. ab 10 Uhr, Voranmeldung erbeten, Tel. 04922/ 91 03 50, Alte Schulstr. 5*

Windy **(U/A 10)**
★ Ein Laden, der sich ganz auf Drachen spezialisiert hat. Man berät, hält auch Literatur bereit und repariert Windopfer. *Mo–Sa 10–12 Uhr, Mo–Fr auch 15–18 Uhr, Bismarckstr. 43–45*

ÜBERNACHTUNG

Haus Waterdelle 46 **(U/D 7)**
Ruhig gelegenes Nichtraucherhaus in den Dünen mit 2 Doppelzimmern und 1 Apartment, 400 m vom Strand entfernt. Zimmer ohne Dusche/WC. *Waterdelle 46, Tel. 04922/26 08, Zimmer Kategorie 3, Apartment Kategorie 2*

Nordsee-Hotel **(U/A 9)**
★ Traditionsreiches Haus an der Uferpromenade im Stadtzentrum mit Bade- und Kurbetrieb, *89 Zi., Bubertstr. 9, Tel. 04922/ 30 80, Fax 30 81 13, Kategorie 1*

Poseidon **(U/A 9)**
Modernes Hotel im Zentrum mit Hallenbad, Sauna und Fitneßraum. Luxus pur: Suite 415. *61 Zi., Bismarckstr. 40, Tel. 04922/811 Fax 41 89, Kategorie 1*

Strandvilla Janine **(U/B 9)**
Hotel garni mit 20 modernen Doppelzimmern. Das Inhaberehepaar bemüht sich intensiv um die Gäste. Küchenbenutzung möglich. *Strandstr. 38, Tel. 04922/ 918 50, Fax 91 85 85, Kategorie 2*

KUR, SPIEL UND SPORT

Beachvolleyball
Benutzung der Felder am Nordbad bei der Surf- und Segelschule kostenlos, internationale Turniere an drei Augustwochenenden.

Drachensteigen
Drachen steigen zu lassen ist nur am Nordstrand erlaubt.

Kreativkurse
Angebote für Malen, Batik, Patchwork, Fotografie, Bauchtanz, Reiki und Buddelschiffbau. Auskunft durch die *Kurverwaltung, Tel. 04922/93 31 14*

Kuren **(U/A 10)**
Kurmittelhaus, Goethestr. 1, Tel. 04922/30 32 98

Lesen
Lesesaal *im Kurhaus.*

Reiten
Ausritte für geübte Reiter auf Pferden und Ponys. *Reitstall der Kurverwaltung, Norddünen* **(U/B 8)**,

Tel. 04922/24 78, Fax 76 14; Reit- und Fahrclub Upholm **(U/E 9)**, *Tel. 04922/71 50; Reitstall Jungermann, Franzosenschanze* **(U/D 9)**, *Tel. 04922/ 22 59*

Segeln **(U/A 9)**
Kurse für Anfänger und Fortgeschrittene im Jollen- und Katamaransegeln, auch Bootsvermietung. Zwischen Juni und August werden Regatten veranstaltet, an denen Kurgäste teilnehmen können. *Wassersportzentrum am Nordstrand, Tel. 04922/22 99*

Strandsauna **(108/C 1)**
Von der Strandsauna am FKK-Strand kann man sofort in die nahe Nordsee tauchen. *So–Do 11–17, Fr und Sa 11–21 Uhr*

Tennis und Badminton **(U/A 10)**
Ganzjährig geöffnete Anlage mit 4 Tennis-Außen- sowie je 2 Tennis- und Badminton-Hallenplätzen. *Bismarckstr., Tel. 04922/529*

Veranstaltungen **(U/A–B 10)**
Kurhaus, Kur- und Dünenpark, Tel. 04922/93 31 14

Wellenbad **(U/A 10)**
Meerwasser-Hallenbad, 27 Grad Wassertemperatur, 50 × 25 m großes Becken, Wellen. 120 Min. Badezeit inkl. Umziehen. Solarium. *Tgl. von Mitte Feb. bis Anfang Jan. zu unterschiedlichen Zeiten geöffnet, Goethestr.*

Windsurfen **(U/A 3)**
Surfkurse mit Erfolgsgarantie, Brettverleih, -reparatur und -einlagerung am Nordstrand. Im August findet eine Regatta um den Deutschen Windsurf-Cup statt. *Windsurfing Borkum am Nordstrand, Tel. 04922/22 99*

AM ABEND

Diskotheken **(U/B 10)**
Überwiegend jüngere Leute treffen sich zum Tanzen in der Diskothek *Downtown, Bismarckstr. 6.* Auf aktuelle Musik setzt auch der *Inselkeller, Bismarckstr. 6.*

Publikum ab 30 Jahren aufwärts bevorzugt meist die *Kajüte, Bismarckstr. 6* (kein Zutritt unter 18 Jahren) und das Tanzlokal *Strandschlucht* in der *Gorch-Fock-Straße. Öffnungszeiten in der Saison ab 20 Uhr*

Kur-Filmtheater **(U/B 10)**
Täglich werden mehrere Filme gezeigt, nachmittags gibt es Vorstellungen für Kinder. *Spielzeit März–Okt. sowie in den Weihnachtsferien, Franz-Habich-Str. 2*

Spielcasino **(U/B 9)**
Das Spielcasino beschränkt sich auf Automatenspiele. Slotmachines, elektronisches Roulette, Miniroulette, Jackpot und verschiedene Videogames. Frei ab 18 Jahre, keine Kleidervorschriften. *April bis Okt. tgl. 11–0.30 Uhr, Nov.–März 14–21 Uhr, im Bahnhof*

AUSKUNFT

Tourist Information und Zimmervermittlung **(U/B 9)**
Am Georg-Schütte-Platz 5, 26757 Borkum, Tel. 04922/93 31 08, Fax 93 31 04, Internet: www.borkum.de

AUSFLUGSZIEL

Groningen **(U/A 6)**
Der Wochenmarkt der holländischen Provinzhauptstadt ist in der Hauptsaison jeden Samstag Ziel einer Ausflugsfahrt mit dem Katamaran *MS Nordlicht.*

Insel der Pferdekutschen

Hier werden auch Lasten ausschließlich mit Pferdewagen befördert

Juist (**108–109 A–F/4**) steckt voller Besonderheiten. Das wird schon bei der Anreise deutlich. Das Schiff fährt zunächst dicht an die Ostspitze der Insel heran, entfernt sich wieder vom Ufer und beschreibt 45 Minuten lang einen großen Bogen bis zur Hafeneinfahrt. Unvergeßlich wird diese Fahrt bei Dunkelheit, wenn die Schiffsscheinwerfer sich von Pricke zu Pricke tasten, damit die Fähre ja nicht den Grund berührt.

Vom Hafen sind es dann nur wenige Schritte bis ins Hauptdorf Juist, denn die Insel ist extrem schmal (durchschnittlich 500 Meter breit), dafür aber mit 17 Kilometern die längste aller Ostfriesischen Inseln. Im weitgehend modernen Ort stehen zwar mehrere drei- und viergeschossige Häuser; da sie aber wie die übrigen Bauten aus rotem Klinker errichtet und nicht zu wuchtig sind, ist der Gesamteindruck ausgesprochen harmonisch.

Anders als auf den meisten Inseln liegt auf Juist (1671 Ew.) das Hauptdorf in der Mitte statt im Westen der Insel, denn sie hat sich nicht nach Osten verlagert, da ihre natürliche Beschaffenheit sie vor zu starker Sandabtragung schützt. So ist Juist das einzige der Eilande ohne Buhnen.

Folgt man der wattseitigen Uferstraße gen Westen, gelangt man ins zweite, sehr viel kleinere Juister Dorf, ins *Loog*. Das niederdeutsche Wort bedeutet ganz einfach Dorf und deutet an, daß es früher der Hauptort der Insel war, während die heutige »Metropole« als Ostdorf galt. Etwas vom alten Stolz hat sich das Loog erhalten: Auf Initiative seiner Bewohner besitzt es ein eigenes *Haus des Gastes* mit Lese-, Kinderspiel-, Fernseh-, Tischtennis- und Veranstaltungsraum. Die Stammgäste vom Loog schätzen vor allem die große Ruhe, die hier herrscht.

Juist hat noch mehr Besonderheiten. Westlich des Loog liegt der größte Süßwassersee der Ostfriesischen Inseln; Tagestouristen sieht man des Tidenfahrplans wegen höchstens alle 14 Tage. Darauf verweisen die Juister ebenso gern wie auf die »Skyline« von Norderney.

Oase der Ruhe: der Kalfamer von Juist, ein geschütztes Dünen- und Vogelbrutgebiet

MARCO POLO TIPS FÜR JUIST

1 Hammersee
Umwandern Sie den größten Süßwassersee der Ostfriesischen Inseln (Seite 41)

2 Küstenmuseum
Interessante Informationen über Natur, Inselgeschichte und Küstenschutz (Seite 43)

3 Restaurant Gabeljürge
Hier kommen nicht nur Feinschmecker, sondern auch Kinder auf ihre Kosten (Seite 44)

4 Weberhof
Eine der schönsten Inselpensionen und drei Ferienhäuser mit Reetdach (Seite 46)

Daß so etwas auf Juist nicht vorkommt, empfindet nicht nur ihr einziger Wattführer Heino als ein Argument für seine Insel.

BESICHTIGUNGEN

Bill (108/B–C 4)
Bill und *Billriff* nehmen zusammen mit den *Haakdünen* den Westen der Insel ein. Vom *Hammersee* aus kann man an einer Aussichtsdüne vorbei durch das *Billwäldchen* wandern, das in den feuchten Dünentälern angepflanzt wurde. Es besteht weitgehend aus Faulbaum, Moorbirken, Kriechweiden und Schwarzerlen. Der Weg führt an der *Domäne Bill* vorbei – einst Bauernhof, jetzt Gaststätte – und dann auf dem Deich auf einen Geräteschuppen zu, in dem früher ein Rettungsboot stationiert war. Links liegt der Heller, rechts der sehr viel grünere Polder. Wo der Fahrweg endet, kann man am Südrand der Haakdünen entlang auf das Billriff gehen, das am Spülsaum umrundet wird. Dabei hat man schöne Blicke auf die Seehundsbänke und die für Besucher gesperrte Vogelschutzinsel *Memmert.* Über das Riff verläuft eine Pipeline, durch die seit 1975 Erdgas aus norwegischen Bohrfeldern in der Nordsee (nördlich der Doggerbank) nach Emden geleitet wird.

Evangelische Kirche (109/D 4)
Die 1964 als zeitlich sechstes evangelisches Gotteshaus erbaute Kirche besitzt eine Kanzel aus dem Jahre 1732, die aus einer heute nicht mehr erhaltenen Kirche im Loog stammt. Das Mosaik über dem Altar zeigt Petri Fischzug und wurde von den Juister Schulkindern in zweijähriger Arbeit aus über 36 000 gefärbten Glasstückchen gefertigt. *Geöffnet nur zu Gottesdiensten und Veranstaltungen, Warmbadstr.*

Goldfischteich (109/D 4)
Eine der reizvollsten Insellandschaften zum Spazierengehen in Ortsnähe ist der sogenannte Goldfischteich. Der künstliche Wasserlauf mit seinen winzigen Inselchen wurde 1903–1904 von Naturenthusiasten angelegt und nach militärischer Nutzung im Zweiten Weltkrieg wieder hergestellt. Er ist von einem kleinen Wäldchen aus Pappeln, Birken, Sand-

dorn, Zwergkiefern und Holunder umgeben und lädt mit Ruhebänken zu beschaulicher Rast ein.

Hammersee **(108/C 4)**

★ Einer der schönsten Spaziergänge auf Juist führt 3,5 km weit rund um den Hammersee, den größten Süßwassersee der Ostfriesischen Inseln. Er ist in ein weites Tal zwischen bewegte Dünenkämme eingebettet, von dichten Röhrichtbeständen gesäumt und von üppigem Grün umgeben. Ein schmaler, sehr windungsreicher Pfad führt zwischen Kriechweiden, Sanddorn, Holunder und anderen kaum mannshohen Bäumen und Büschen hindurch um seine Ufer herum und erklimmt im Norden die halbe Höhe der Dünenkette – dem Wanderer weite Ausblicke über die wild-romantische Landschaft bietend.

Der Hammersee ist 16 Hektar groß, 1200 m lang, bis zu 130 m breit und 90 cm tief. Er steht schon seit 1952 unter Naturschutz und ist Rastplatz für viele Vögel wie Rallen, Haubentaucher und Enten und Laichgebiet der Kreuzkröte. Sein Name weist darauf hin, daß er die Fläche des ehemaligen *Hammrichs,* also der dörflichen Gemeindewiese, bedeckt. Bei der schweren Petriflut im Jahre 1651 brach das Meer durch die Dünenkette und verwandelte den Hammrich in eine weite Sandfläche, die immer niedriger wurde. Um 1800 hatten sich dann auf dem Hammer bis zum Wattenmeer reichende Rinnen gebildet, die sich bei jeder Springflut mit Salzwasser füllten. Das Hammergat war entstanden, das Juist praktisch zweiteilte.

1877 wurde dieses Hammergat durch einen Deichbau im Süden erstmals geschlossen. So entstand im Laufe der folgenden Jahrzehnte eine ausgedehnte Strandbucht, die bei Niedrigwasser durch einen Sandstreifen von der offenen Nordsee getrennt war. Diese Öffnung zur Nordsee hin wurde dann 1928–1932 durch die Anlage eines 1600 m langen Sanddammes geschlossen. In den 40er Jahren war das Wasser im Hammersee noch brackig; seitdem süßte der See völlig aus. Entlang des nördlichen und südlichen Deiches haben sich im Laufe der Zeit die dichten Dünenketten gebildet, die jetzt den Hammersee umgeben.

Die Natur erobert die Landschaft neu; im Westen des Sees bildet sich sogar ein Flachmoor; Moosglöckchen, Sumpfherzblatt, Kammfarn und Orchideen gedeihen. Den Hammersee kann man nur zu Fuß umwandern; Fahrräder müssen im Loog oder an der Billstraße geparkt werden. Einmal wöchentlich finden Naturführungen zum Hammersee statt, die am *Küstenmuseum* im *Loog* beginnen. *Auskunft: Küstenmuseum, Tel. 04935/1488*

Kalfamer **(109/F 4)**

Die Fahrstraße in den Osten der Insel endet am Rande des Flugplatzes. Von dort aus geht es zu Lande nur noch zu Fuß weiter. Schon nach wenigen Minuten gelangt man an einen Informationsstand der Nationalparkverwaltung am Rande des *Kalfamer* genannten, äußersten Ostendes der Insel. Der Kalfamer darf nur zwischen November und März und auch dann nur auf dem deutlich erkennbaren Weg betreten

Rast in der Domäne Bill auf dem Weg zum Billriff

werden, der am Informationsstand beginnt und an einer Informationstafel an der Nordküste endet. Zwischen April und Oktober ist das Betreten nur im Rahmen von regelmäßig angebotenen Führungen erlaubt! Der Kalfamer ist nämlich zum einen ein Gebiet, in dem sich die Entstehung von Dünen hervorragend und vom Menschen weitgehend ungestört wissenschaftlich beobachten läßt. Außerdem brüten und rasten hier zahlreiche Vögel, darunter die vom Aussterben bedrohten Zwergseeschwalben. Wer den Kalfamer zur Brutzeit betritt, gefährdet ihre Existenz!

Katholische Kirche zu den hl. Schutzengeln (109/D 4)
Schöne Glasfenster lohnen den Besuch der 1910 eingeweihten und 1960/61 um ein Halbrund im Westen erweiterten katholischen *Inselkirche.* Die beiden Fenster in der Apsis stammen aus dem Jahre 1910 und zeigen links einen hl. Schutzengel und rechts den Beschützer der Seeleute, den hl. Nikolaus. Die 1960/61 geschaffenen sieben Fenster im Rundbau symbolisieren die sieben Sakramente. Das Fresko an der linken Seitenwand der Apsis entstand in den 20er Jahren. Es zeigt den hl. Ludger als Verkünder des Christentums auf der Insel Bant. *Tagsüber geöffnet, Dünenstraße*

Memmertfeuer (109/D 4)
Juist besaß ursprünglich im Gegensatz zu seinen Nachbarinseln Borkum und Norderney keinen Leuchtturm. Um so stolzer ist man jetzt auf das Memmertfeuer, das kurz vor Silvester 1992 zum erstenmal im 13-Sekunden-Takt sein Licht erstrahlen ließ. Es ist allerdings keine nautische Notwendigkeit, sondern ein Museumsstück. Das Laternenhaus aus dem Jahre 1939 wurde 1986 vom stillgelegten Leuchtturm auf der Vogelschutzinsel Memmert demon-

tiert, lagerte dann längere Zeit in Emden und wurde schließlich vom Juister Heimatverein erworben. Der Turm selbst ist ein Neubau, der mit vielen Spendengeldern von Insulanern und Gästen errichtet wurde. *Führungen Mi um 16 und So um 11 Uhr, Inselhafen*

Nationalpark-Haus Juist (109/D 4)
Einen Einblick in den Lebensraum Wattenmeer gewährt die kleine, überwiegend durch Fotos und Tierpräparate bestrittene Ausstellung, zu der auch zwei Aquarien gehören. *Di–Fr 9.30–12 und 15–18 Uhr, Sa und So nur 15–18 Uhr, Führung durch die Ausstellung Fr 10.30 Uhr, Eintritt frei, im Alten Inselbahnhof, Am Kurplatz*

Wasserturm (109/D 4)
In Ermangelung eines Leuchtturms ist der fast 17 m hohe Wasserturm auf den Dünen nahe dem Kurzentrum in Juist zu einer Art Wahrzeichen der Insel geworden. Er wurde 1927 gebaut, um den durch steigende Urlauberzahlen verstärkten Wasserbedarf decken zu können. Heute dient der von den Einheimischen auch als *Doornkaatbuddel* bezeichnete Turm mit Uhraufsatz nur noch als Notwasserspeicher für die Insel. *Nur Außenbesichtigung möglich, Strandpromenade*

MUSEUM

Küstenmuseum (108/C 4)
★ Das für ostfriesische Inselverhältnisse mit 500 qm Ausstellungsfläche recht große Museum besteht aus mehreren Abteilungen. Die wichtigsten Themen sind die Inselgeschichte und ihre Natur, der Küstenschutz und das Rettungswesen. Man erhält – unterstützt durch gute schriftliche Erklärungen – einen Einblick in die Erdöl- und Erdgasbohrungen in der Nordsee und kann in der »Friesenstube« sehen, wie man im letzten Jahrhundert auf der Insel wohnte. Jährlich wechselnde Kunstausstellungen runden den lohnenden Besuch ab. *Mo–Sa 9–12, Mo–Fr auch 14.30 bis 18 Uhr, im Loog, Loogster Pad*

RESTAURANTS/CAFÉS

Ant Siet bi Onno off (109/D 4)
Kneipe für Insulaner, gemütliche Theke, muffeliger Wirt, deutsche Musik. *Fr–Mi 11–14 und ab 17 Uhr, Wilhelmstr. 56, Tel. 04935/230*

Brasserie (109/D 4)
Im ostfriesischen Stil eingerichtetes Restaurant mit Schwerpunkt auf moderner, leichter Küche mit viel Fisch und regionalen Zutaten. *Tgl. 12–15 und 18–22 Uhr, Strandstr. 15–16, Tel. 04935/80 54 42, Kategorie 2*

De Loogster (108/C 4)
Restaurant im Loog. Umfangreiche vegetarische Karte, Fisch- und Fleischgerichte, große Frühstückskarte. *Di–So 8.30–14 und 17–21.30 Uhr, Loogster Pad 17, Tel. 04935/91 40 30, Kategorie 1 (für vegetarische Gerichte Kategorie 3)*

Domäne Bill (108/B 4)
Friesisch eingerichtetes Ausflugslokal vor dem Billriff, mit Selbstbedienung; neben Eintopfgerichten, Milchreis und belegten Broten werden als Spezialität Rosinenstuten mit Butter geboten. Rauchverbot in den Innenräumen. *Do–Di 11–17 Uhr, Tel. 04935/12 12, Kategorie 3*

Domäne Loog **(108/C 4)**
Restaurant am westlichen Ortsrand des Loogs. Spezialitäten auf Vorbestellung: gefülltes Deichlamm und gefüllte Flugente. *Fr bis Mi 11–21 Uhr, Mittagessen 12 bis 14 Uhr, Abendessen 17–20 Uhr, Tel. 04935/12 50, Kategorie 3*

Flughafen-Restaurant **(109/E 4)**
Von der Südterrasse des Selbstbedienungsrestaurants schweift der Blick über den Flugplatz auf das Wattenmeer. Die Speisekarte ist klein, aber alle Gerichte werden frisch zubereitet. *Tgl. 10–17.30 Uhr, Tel. 04935/12 54, Kategorie 2*

Gabeljürge **(109/D 4)**
★ Von der französischen Küche beeinflußte Karte mit Fisch- und Lammspezialitäten. Empfehlenswert sind die Krustentiersuppe und der Fischtopf mit verschiedenen Fischsorten. Außergewöhnliche Kinderkarte und die umfangreichste Weinkarte der Insel. *Tgl. 11.30–13.30 und 17.30–22.30 Uhr, Gräfin-Theda-Str. 4, Tel. 04935/10 07, Kategorie 1*

Hafenrestaurant **(109/D 4)**
Direkt am Fähranleger gelegen, schöner Blick über das Wattenmeer. *Fr–Mi 11–22 Uhr, Am Fähranleger, Tel. 04935/13 63, Kategorie 2*

In't Veerhues **(109/D 4)**
Gehobene Küche, viele Fischspezialitäten. *Tgl. 11–14 und ab 17 Uhr, Warmbadstr. 4, Tel. 04935/10 57, Kategorie 1*

Kompaß **(109/D 4)**
Ehemalige Bahnhofsgaststätte mit großer Sonnenterrasse, seit drei Generationen in Familienbesitz. Regelmäßiger Insulanerstammtisch, gutbürgerliche Küche, Seniorenkarte, täglich wechselnder Mittagstisch. *Tgl. 10 bis 22 Uhr, Carl-Stegmann-Str. 5, Tel. 04935/10 97, Kategorie 3*

Lütje Teehuus **(109/D 4)**
Liebevoll restauriertes Haus am Janusplatz. Hausgemachte Kuchen, ostfriesischer Tee, kleine Speisen. *Tgl. 11–22 Uhr, Dünenstr. 2, Kategorie 3*

Matjes + Co **(109/D 4)**
Fischbistro mit erstaunlich umfangreicher Auswahl. *Tgl. 11 bis 20 Uhr, Strandstr. 12, Tel. 04935/84 80, Kategorie 3*

Schöne Aussichten **(109/D 4)**
Bistro und Café über einer Bäckerei. Verschiedene Sekt- und Champagnermarken werden auch glasweise ausgeschenkt; die Liste der Cocktails und Longdrinks ist beachtlich. *Tgl. 10–24 Uhr, Am Kurplatz, Tel. 04935/99 00 39*

Wilhelmshöhe **(109/E 4)**
Ausflugslokal im Osten der Insel, auf einer Düne. Von der Südterrasse fällt der Blick aufs Wattenmeer, innen schaut man durch einen Düneneinschnitt auf die Nordsee. Kleine Gerichte, Kaffee und Kuchen. *Tgl. ab 10 Uhr, Flugplatzstr. 21, Kategorie 3*

EINKAUFEN

Art-Hus Edelschmiede **(109/D 4)**
Der ausgestellte Gold- und Silberschmuck wird im Laden selbst hergestellt. Insbesondere Muscheln und Seepferdchen dienen als Vorlagen für Anhänger, Ohrringe und Manschettenknöpfe. *Mo–Sa 10–12, Mo–Fr auch 16 bis 18 Uhr, Strandstr. 17*

Galerie Kunststück (109/D 4)
Moderne Aquarelle mit maritimen Motiven, schöne Dinge aus Holz. *Mo–Sa 9.30–12.30 Uhr, Mo bis Fr auch 15.30–18.30 Uhr, Damenpfad 1*

Inseltöpferei (109/D 4)
Die Drehscheibe steht im Laden, von der alle ausgestellten Produkte stammen, darunter auch sehr originelle Teedosen und Teebecher mit Stövchen. *Mo–Sa 10–12, Mo–Fr auch 16–18 Uhr, Gräfin-Theda-Str.*

Janowitz Kunst und Antiquitäten (109/D 4)
Die Filiale eines Dorstener Händlers. Hier werden Gemälde, Möbel, Silber, Glas u.v.a. angeboten. *Auch So 10–12 Uhr geöffnet, Warmbadstr./Ecke Friesenstr.*

Kees un Botterfatt (109/D 4)
Käsehandlung mit großer Auswahl, die auch ostfriesischen Ziegenkäse, lose französische Ziegenbutter und selbstaufgesetzte Dickmilch mit Früchten verkauft. Raclettegeräte und Fonduetöpfe mit Zubehör werden verliehen. *Strandstr.*

Keramik-Atelier im Loog (108/C 4)
Kleine Töpferei im Loog, gleich neben dem Küstenmuseum. *Mo–Sa 10–13, Mo–Fr auch 15–18 Uhr, Loogster Pad*

ÜBERNACHTUNGEN

Achterdiek (109/D 4)
Komfortable Zimmer, Dachstudios und Apartments, 300 m² Badelandschaft, Sauna, Dampfbad, getrennte Restaurants für Raucher und Nichtraucher. *49 Zi., Wilhelmstr. 36, Tel. 04935/80 40, Fax 17 54, Kategorie 1*

Haus Annatur (109/D 4)
Naturkostpension für Nichtraucher, mit großer Gemeinschaftsküche am Ortsrand nahe den Dünen gelegen. *7 Zi., Dellertstr. 14, Tel. 04935/918 10, Fax 12 36, Kategorie 2*

Historisches Kurhaus Juist (109/D 4)
1998 eröffnetes Suitenhotel im restaurierten Kurhaus von 1837. Die umstrittene Glaskuppel dient als Aussichtspunkt. *75 Suiten, Strandpromenade 1, Tel. 04935/ 91 60, Fax 91 62 22, Kategorie 1*

Gemächlich und abgasfrei: Ausflug mit der Pferdekutsche

Zwei Juister im Himmel

Gestrandete Schiffe waren für die Insulaner vergangener Jahrhunderte immer wie ein Himmelsgeschenk. Wie eine alte friesische Sage erzählt, sollen die Juister die Strandräuberei besonders arg betrieben haben, weshalb sie im Himmel schlecht angesehen waren. Dennoch gelang es einmal zwei Juistern, sich am eingenickten Petrus vorbei ins Paradies zu schleichen. Paulus war darüber sehr erbost, doch bald kam ihm der rettende Einfall. Er schaute in der Nähe der beiden durch ein Himmelsfenster und rief dann ganz plötzlich und laut: »Schip an Strand!«. Die Juister fragten nur noch: »Wo ist dat Schip?« und rannten auch schon aus dem Himmel hinaus.

Ostend **(109/D 4)**
Preiswerte Frühstückspension mit Gästeküche; die Zimmer meist nur mit fließend Kalt- und Warmwasser, ohne Badezimmer/WC ausgestattet. *3 Zi., Enno-Arends-Str. 1, Tel. 04935/581, Kategorie 3*

Pabst **(109/D 4)**
Am oberen Ende der Juister Preisskala steht dieses unmittelbar an einem Strandübergang gelegene und doch zentrumsnahe Hotel mit einem eigenem Kurzentrum und Kosmetikstudio. *44 Zi., Strandstraße 15–16/Ecke Kurpad, Tel. 04935/80 50, Fax 80 51 55, Kategorie 1*

Strandburg **(109/D 4)**
Apartmenthaus, gegenüber dem Rathaus im Ortszentrum gelegen. Sauna, Solarium und kleines Hallenbad befinden sich im Keller. *35 Apartments, Strandstr. 2, Tel. 04935/80 70, Fax 91 40 82, Kategorie 1*

Weberhof **(109/D 4)**
★ Das stilvolle Gästehaus ist zwischen Dünen abseits der Straße eingebettet und bietet in seinem Garten mehrere windgeschützte Sitz- und Liegeflächen. Den Kern des Hauses bildet eine hohe, zweigeschossige Halle mit Galerie, Kamin und Sitzgruppen. *10 Zi. und 2 Häuser, Dünenstr. 13b, Tel. 04935/244, Fax 82 55, Kategorie 1*

KUR, SPIEL UND SPORT

Leihbücherei
Dünenstr. 9, Mo u. Do 16–18 Uhr

Kuren
Kurmittelhaus auf der Düne, Warmbadstr.

Meerwasser-Erlebnisbad
1998 neu eröffnet, mit vielen Attraktionen wie Grotte und Wasserfall, Strömungskanal, Wasserrutsche und einem Kleinkinderbecken. Wasser 27 Grad, Luft 29 Grad Celsius. *Tgl. 10–13, Mo–Sa auch 15.30–18.45 Uhr, im Kurmittelhaus, Warmbadstr.*

Reiten
Strandausritte für Anfänger und Fortgeschrittene, Ponyreiten sowie Kutschen zum Selberlenken. *Fuhrbetrieb Heyken, Flugplatzstr. 11, Tel. 04935/664,* und *Fuhrmannshof Kannegieter, Flugplatzstr. 13, Tel. 04935/12 35*

Segelschule Rainer Saathoff
Unterricht auf einem 30er Jollenkreuzer und Gelegenheit zum Mitsegeln. *Dünenstr. 10, Tel. 04935/286 oder 0171/801 05 17*

Strandgymnastik
Strandgymnastik und Kinderspiele, während der Saison nahezu täglich am Hauptbadestrand.

Tennis
Fünf Frei- und zwei Hallenplätze. *Tennisschule Laux, Tel. 04935/528*

Veranstaltungen
Haus des Kurgastes, Vogt-Meine-Pad, und *Haus des Gastes, Hammerseestr., Im Loog*

Windsurfen
Bretter und Unterricht über das *Nordseehotel Freese, Wilhelmstr. 61, Tel. 04935/80 10*

AM ABEND

Diskothek Giftbude
Tanzlokal in Meeresnähe, das am späteren Abend zum Treff vor allem junger Urlauber wird. *Tgl. ab 23 Uhr, Strandpromenade 7*

Insel-Lichtspiele
Das geräumige Verzehrkino zeigt täglich mehrere Filme; das Programm wechselt durchschnittlich alle zwei Tage. *Friesenstr. 24*

Malör
Modern eingerichtete Kellerkneipe gegenüber der Post mit lauter Musik, Dartautomat. *Tgl. ab 19 Uhr, Strandstr. 2*

Spelunke
Moderne Kellerbar mit dem längsten Tresen auf Juist. Gitarren und Akkordeons dürfen auch von den Gästen benutzt werden. *Tgl. ab 17 Uhr, Am Kurplatz 1A*

Welle
Eines der wenigen fast ganzjährig geöffneten Lokale der Insel. Am langen Tresen sind auch Einheimische zu finden; Spiele liegen für die Gäste bereit. Dartautomat, Billardtisch. *Tgl. ab 17 Uhr, Wilhelmstr.*

AUSKUNFT

Kurverwaltung
Friesenstr. 18, Postfach 1464, 26560 Juist, Tel. 04935/80 92 22, Fax 80 92 23, www.isle-juist.com

AUSFLUGSZIELE

Schiffsausflüge während der Saison nach Norderney und Baltrum, gelegentlich auch nach Borkum und Helgoland. Regelmäßige Fahrten um die Vogelinsel Memmert sowie zu den Seehundbänken und zum Krabbenfischen.

Memmert **(U/B 4)**
Südlich der Westspitze von Juist liegt eine Insel im Wattenmeer, deren Betreten streng verboten ist. Memmert ist ganz dem Vogelschutz gewidmet und wird nur von einem Inselvogt bewohnt, dessen Wohnhaus bei klarer Sicht von der Bill aus ebenso sichtbar ist wie der 1986 außer Betrieb gesetzte Leuchtturm, der wohl bald ein Opfer der Sturmfluten werden wird. Auf Memmert brüten über 10 000 Silber- sowie etwa 1000 Heringsmöwen; außerdem Lachmöwen und Austernfischer sowie einige wenige Flußseeschwalben, Eiderenten, Brandgänse und Rotschenkel.

Böttcher Huus
7
ZIEHEN

Kinderstube der Silbermöwen

Die größte Silbermöwenkolonie der bewohnten Inseln und eine abwechslungsreiche Busch- und Waldlandschaft

Knapp sechs Minuten benötigt die farbenfrohe Inselbahn für die Fahrt vom Hafen zum Bahnhof im einzigen Inseldorf (2065 Ew.). Unterwegs bemerkt der Gast schon eine Besonderheit: Westlich des Schienenstrangs liegt ein für ostfriesische Inselverhältnisse stattliches Wäldchen. Es bedeckt einen Teil der Fläche, auf der im Zweiten Weltkrieg unter Einsatz zahlreicher ausländischer Zwangsarbeiter ein großer Militärflughafen angelegt werden sollte. Spaziert man später einmal zwischen Wäldchen und Dünen entlang, bemerkt man noch eine andere Inselrarität: Die Langeooger züchten in zahlreichen Schrebergärten Obst und Gemüse.

Im weitläufigen Ort fällt zunächst die Breite der Straßen auf, die hier sogar auf beiden Seiten von Bürgersteigen gesäumt werden. Motorfahrzeuge sind auch von Langeoog verbannt; auf den Fahrbahnen tummeln sich vor allem Radfahrer. Ab und zu müssen sie Platz für den Elektrokarren der Müllabfuhr oder für die Pferdekutschen machen, die auf Langeoog Taxidienste versehen und auch für Ausflüge über die ganze Insel genutzt werden können.

Auffällig breit ist auf Langeoog (**110–111/C–F 1–2**) der Dünengürtel zwischen Dorf und Badestrand. Die 1500 Meter lange Höhenpromenade schlängelt sich als reiner Fußgängerweg über die Dünen, auf denen mit dem Wasserturm, der Strandhalle und dem Seekrug auch ausgesprochen originelle Bauten stehen. Mißlungene moderne Architektur beleidigt nirgends den Schönheitssinn; selbst der einzige in seiner ästhetischen Qualität umstrittene Bau, das Hotel *Aquantis* am Strand, drängt sich nicht in den Vordergrund.

Weite Teile der Insel sind vor dem Menschen geschützte Naturparadiese. Im Osten der Insel werden über 5000 brütende Silbermöwen, über 1400 Austernfischer und 300 brütende Brandgänse gezählt. Ein hervorragendes Naturdenkmal ist die über 21 Meter hohe Melkhörndüne – ein wahrer Aussichtsberg!

So wie das alte Böttcher Huus sind auch die neuen Häuser in Langeoog im traditionellen Stil mit roten Klinkern gebaut

MARCO POLO TIPS FÜR LANGEOOG

1 **Atelier Anselm**
Werkstatt und Verkaufsgalerie eines ungewöhnlichen Inselmalers, der auch Unterricht für Kinder und Erwachsene erteilt (Seite 54)

2 **Dünenfriedhof**
Das Grab von Lale Andersen und Gedenkstätten aus der jüngeren Inselgeschichte (Seite 50)

3 **Evangelische Kirche**
Ein Altarbild sorgt für Diskussionen (Seite 50)

4 **Schiffahrtsmuseum**
Einblick in die Geschichte der Schiffahrt (Seite 53)

5 **Schiffchen**
Französische Gaumenfreuden und ein exzellenter Service für gut gefüllte Portemonnaies (Seite 53)

BESICHTIGUNGEN

Dünenfriedhof **(110/C 1)**

★ Langeoogs Gemeindefriedhof ist nicht nur ein romantischer Platz in den Dünen mit muschelschalenbestreuten Wegen und dem Grab der Sängerin Lale Andersen, sondern auch ein geschichtsträchtiger Ort, der an die Folgen des nationalsozialistischen Wahns erinnert. Auf dem als *Baltengedenkstätte* bezeichneten Teil des Friedhofs sind zahlreiche deutschstämmige Balten bestattet, die nach der zwischen Hitler und Stalin verabredeten sowjetischen Eroberung des Baltikums aus ihrer Heimat vertrieben wurden. 300 von ihnen wurden 1945 nach Langeoog umgesiedelt; bis 1978 war die Insel Standort eines Altenheims für Deutschbalten.

Auf dem *Russenfriedhof* wurden 1941 und 1942 mindestens 113 sowjetische Zwangsarbeiter verscharrt, deren Namen auf sechs Gedenksteinen zu lesen sind. Sie gehörten zu den 450 Russen, die im August 1941 nach Langeoog gebracht und hier unter unmenschlichen Bedingungen bei Arbeiten an militärischen Anlagen eingesetzt wurden. Die meisten von ihnen verhungerten oder erlagen Seuchen.

Schließlich mahnt noch ein 1958 errichtetes, hölzernes *Ehrenkreuz* an die deutschen Gefallenen des Zweiten Weltkriegs. Seine Bedeutung wurde bemerkenswerterweise durch ein bronzenes Buch am Fuß des Kreuzes erweitert, auf dessen aufgeschlagenen Seiten man einen Auszug aus der berühmten Rede des ehemaligen Bundespräsidenten Richard von Weizsäcker liest, die er am 8. Mai 1985 vor dem Bundestag hielt. In dieser Rede betonte er die Schuld Deutschlands und gedachte *aller* Opfer des Zweiten Weltkrieges.

Evangelische Kirche **(110/C 2)**

★ In der Langeooger Inselkirche aus dem späten 19. Jh. sorgt seit Dezember 1990 ein modernes Altarbild für Diskussionsstoff, weil es auf den ersten Blick nichts mit Kirche zu tun hat. Das Motiv ist nicht der biblischen Geschichte entnommen, das Gemälde könnte in Privatzimmern ebenso hängen wie in Museen. Das surrealistisch anmutende Werk des Malers Hermann Buß aus Norden zeigt ein einst weißes Fährschiff, das auf dem grünen Deck einer anderen Fähre gestrandet ist. Menschen mit kleinem Gepäck stehen teilnahmslos herum; den Bildvordergrund nimmt ein weißer Tisch mit leeren Holzstühlen ein, auf dem die Hände eines ansonsten nicht mehr im Bild befindlichen Passagiers ruhen. Die Menschen stehen trotz des unbegreifbaren Ereignisses beziehungslos und ungerührt herum, verströmen Leere und Kälte. Ob das ein Thema für eine Kirche ist? *Tagsüber geöffnet, Kirchstraße*

Flinthörn **(110/C 2–3)**
Das Flinthörn ist eine Dünen- und Wattlandschaft im Südwesten der Insel, die nur auf einem markierten Wanderweg betreten werden darf. An ihm findet man zwischen März und Oktober auch einen Stand der Nationalparkverwaltung. Das Flinthörn ist ein auf den Ostfriesischen Inseln einmaliger, nehrungsartiger Fluthaken, der sich seit 1825 durch Sand- und Schwebstoffablagerungen bildete. Hier kann man alle Stadien der Dünenentwicklung studieren; im Winter ist das Flinthörn ein Rastplatz für die hochläufigen und schnellfüßigen Wattvögel.

Katholische Kirche **(110/C 2)**
Die 1961–63 erbaute Rundkirche mit dem markanten Turm in

Rote Klinkerhäuschen liegen geschützt hinter den Dünen: Ort Langeoog

Form eines Schiffsstevens ist dem hl. Nikolaus geweiht. *Tagsüber geöffnet, Strandjepad/Ecke Friesenstraße*

Melkhörndüne **(111/D 1)**
Von der als Aussichtspunkt befestigten, 21,3 m hohen Düne hat man einen schönen Rundblick über Dünen, Heller und Salzwiesen. *Sie liegt hinter der Jugendherberge auf dem Weg zum Gasthaus Meierei.*

Osterhook **(111/F 2)**
Am Osterhook endet der gepflasterte Weg in den Inselosten. 700 m weiter steht auf einer Düne eine hölzerne Aussichtsplattform, von der aus man gut Seehunde beobachten kann. Die beste Zeit dafür sind die drei Stunden vor und nach dem Hochwasser.

Pirola-Tal **(111/D 1–2)**
Das fast 2 km lange und bis zu 300 m breite Pirola-Tal wird im Süden und Norden von Graudünen gesäumt, die bis zu 15 m hoch sind. Ein Wanderweg führt Fußgänger und Radfahrer durch das Tal.

Schlopp **(111/D 1–2)**
Sturmfluten haben Langeoog immer wieder schwer zugesetzt. 1721 waren die Zerstörungen so groß, daß die Insulaner ihre Heimat aufgaben und aufs Festland zogen; erst zwei Jahre später wurde Langeoog von Helgoland und den Nachbarinseln aus neu besiedelt. Eine Sturmflut im Jahre 1825 ließ dann die Insel in drei Teile zerfallen. Wo bis zum Deichbau von 1906 das Wasser stand, ist an der flachen Wiesenlandschaft noch heute zu erkennen: im *Großen* und *Kleinen Schlopp,* zwischen denen die Melkhorndünen liegen. Außer einigen kleinen Brackwasserteichen gibt es hier seit 1971 auch einen größeren Baggersee. Er ist bis zu 12 m tief und wird u. a. von Garnelen und Aalen bewohnt. Im Norden ist der Deich selbst durch Sandanwehungen noch um 15 m gewachsen.

Seenot-Beobachtungsstelle **(110/C 1)**
Der orange Container mit Dachplattform auf einer Düne am östlichen Ortsrand dient nicht mehr wie einst der Überwachung der See, sondern nur noch werktags als Aussichtspunkt; am Wochenende fungiert er als Verkaufsstelle der Deutschen Gesellschaft zur Rettung Schiffbrüchiger.

Vogelkolonie **(111/E–F 1–2)**
Die Dünen im Osten der Insel sind zum überwiegenden Teil Vogelschutzgebiet und dürfen nur im Rahmen von Führungen betreten werden, die zu bestimmten Terminen am Vogelwärterhaus am Weg zur Meierei beginnen. Die Vogelkolonie ist zwischen Mai und Anfang Juli vor allem Brutrevier von Silbermöwen.

Wasserturm **(110/C 2)**
Langeoogs markanter, 18 m hoher Wasserturm diente seit 1909 als Trinkwasserspeicher. Heute übernimmt ein modernes Speicherbecken beim Wasserwerk diese Aufgabe. Als Wahrzeichen der Insel bleibt der auf einer Düne errichtete, aus großer Ferne sichtbare Turm aus Klinker und Wellblech aber weiterhin bestehen. *Turmbesteigung Mo–Fr 10–12 Uhr, Am Wasserturm*

MUSEEN

Museums-Rettungsboot Langeoog

Das kleine Seenotrettungsboot war von 1945 bis 1980 vor Langeoog im Einsatz. *Juli und Aug. Mo–Sa 15–17 Uhr, Eintritt frei, Spende erwartet, Kurviertel*

Schiffahrtsmuseum

★ Die lichte, sehr besuchenswerte Ausstellung präsentiert neben zahlreichen großen Schiffsmodellen auch Buddelschiffe, nautische Geräte, historische Werbeplakate und Emailleschilder für Kreuzfahrten und Passagen sowie Münzen mit Schiffsmotiven aus aller Welt. Besonders schön ist die Sammlung von künstlerisch gravierten Walzähnen und -knochen, informativ die Dokumentation zur Langeooger Schiffahrtsgeschichte. (Ein Nordseeaquarium befindet sich im Aufbau.) *Mo–Sa 10–12, Mo–Fr auch 14 bis 16 Uhr, Haus der Insel, Kurviertel*

Seemannshus

In einem kleinen, ansprechend renovierten Insulanerhaus aus dem letzten Jahrhundert finden jährlich wechselnde Ausstellungen zu naturkundlichen oder historischen Themen statt. *Mi und Fr 15.30–17.30, So 10–12 Uhr, Eintritt frei, Caspar-Döring-Pad*

RESTAURANTS/CAFÉS

Café Leiß

Das beliebteste Café im Dorf beginnt den Tag mit einem großen Frühstücksbuffet und serviert bis abends Kuchen und Torten aus eigener Herstellung, aber auch kleine Gerichte. *Tgl. 8.30–23 Uhr, Barkhausenstr. 13, Tel. 04972/ 65 14, Kategorie 3*

Landhaus am Schniederdamm

Rustikal eingerichtetes Restaurant mit Fisch- und Steakspezialitäten. Tischreservierung empfohlen. *Di–So 11.30–24 Uhr, Küche 11.30–14 und 17–22 Uhr, Am Schniederdamm 10, Tel. 04972/527, Kategorie 1*

Bei Luciano

Einfaches italienisches Restaurant. Pizza und Pasta, auch Fleisch und Fisch. *Mi–Mo 11–14 und 17.30–22 Uhr, Barkhausenstr. 5, Tel. 04972/60 25, Kategorie 3*

Meierei

Ausflugslokal im Osten der Insel mit großer Terrasse. Im Gastraum sind zwei von zwölf je 3 kg schweren Kanonenkugeln ausgestellt, die aus der Zeit der napoleonischen Kontinentalsperre stammen. Damals waren auf Langeoog 200 französische Soldaten stationiert, die den englischen Handel zwischen Helgoland und Hamburg unterbinden sollten. Serviert werden Dickmilch, belegte Brote und Würstchen, frische Milch und Sanddornsaft aus eigener Ernte. *Mi bis Mo 10.30–17.30 Uhr, Kategorie 3*

Schiffchen

★ Französisches Feinschmeckerrestaurant mit etwa 40 Plätzen innen sowie kleiner Terrasse. Mittwochs ist Fondueabend. *Im Hotel Kolb, Barkhausenstr. 32, Tel. 04972/910 41 25, Küche 12–22 Uhr, à la carte ab 18 Uhr, Kategorie 1*

Seekrug

Der auffällige, moderne Bau auf den Dünen ist weitgehend verglast, so daß man im Café und Restaurant fast wie im Wintergarten sitzt. Für gutes Wetter gibt

Der lange Strand bietet genug Platz zum Sonnen, Spielen und Spazieren

es eine windgeschützte Terrasse mit Panoramablick. Kuchen und Torten stammen aus eigener Konditorei; die Küche gehört zu den besten der Inseln. Besonders lobenswert sind die kreativen Gerichte mit regionalen Spezialitäten. *Di–So 11–23 Uhr, Küche 11.45–14 und 17.45–21 Uhr, Höhenpromenade 1, Tel. 04972/383, Kategorie 1*

Sonnenhof

Tee- und Bierstübchen im reetgedeckten ehemaligen Wohnhaus von Lale Andersen. *Do bis Di 11–23 Uhr (warme Küche bis 20 Uhr), Gerk-sin-Spoor 6, Tel. 04972/713, Kategorie 2*

Strandhalle

Bürgerliche Küche in einem originellen Bau aus dem Jahre 1945 mit prächtiger Aussicht. Bemerkenswert ist die in Vitrinen ausgestellte Riesensammlung von Eulen aus Glas, Keramik und anderen Materialien. *Mi–Mo 10 bis 24 Uhr, Höhenpromenade 1, Tel. 04972/60 44, Kategorie 2*

EINKAUFEN

Atelier Anselm am Meer

★ Anselm Prester, 1943 in Bayern geboren, lebt seit 1965 auf Langeoog. Er ist mehr als der übliche Kunstmaler, der Inselmotive für Inselliebhaber auf die Leinwand bringt. Zu seinen Werken gehören auch zahlreiche Porträts von berühmten Clowns und Pantomimen wie Charlie Rivel, Marcel Marceau und Samy Molcho; sein wohl bestes Werk ist »Die nackte Wahrheit – Insulaner im Gespräch«, das sich auch als Reproduktion gut macht.

Anselm Prester gibt zudem einwöchige Malkurse für Kinder und Erwachsene. Als Techniken stehen dabei Pastell-, Öl- und Aquarellmalerei sowie Zeichnen zur Auswahl. Information und Anmeldung: *Warmbadweg 4, Tel. 04972/63 71, Fax 16 46*

Le Paradis

Überdurchschnittlich geschmackvolle Objekte modernen Kunsthandwerks aus aller Welt sind in diesem Laden versammelt. *Höhenpromenade/Ecke Warmbadweg*

Schmuggelkiste & Insel-Goldschmiede

Hier gibt es Buddelschiffe und maritime Geschenke; Schmuck aus verschiedenen Erdteilen, ergänzt durch eigene Arbeiten aus der Werkstatt. Besonders beliebt sind bei den Gästen Anhänger in Inselform. *Geöffnet auch So 10 bis 12 Uhr, Am Wasserturm 3*

ÜBERNACHTUNG

Aquantis am Strand

Hotel mit Ferienwohnungen für bis zu 8 Personen am Dünenrand; in unmittelbarer Nähe zum Badestrand und Kurzentrum. Hallenbad und Sauna. *73 Apartments, Kavalierspad, Tel. 04972/69 90, Fax 69 98 00, Kategorie 1*

Bi hüm un hör

Kleines Apartmenthaus mit Ferienwohnungen für 1–2 Personen nahe dem Bahnhof; mit Sauna. *8 Apartments, Um Süd 21, Tel. 04972/895, Fax 10 28, Kategorie 3*

Haus Goldenstein

Sehr preiswerte Pension ohne Frühstücksservice, aber mit einer ständig zugänglichen Gästeküche. *7 Zi., Brandddünenweg 2, Tel. 04972/865, Kategorie 3*

Meedenwind

Hotelpension am Ortsrand mit Hallenbad und Sauna. Auch Zim-

Strenge Sitten

Noch vor 100 Jahren hatten Männer und Frauen an den Inselstränden getrennt zu baden. Die Straßenbezeichnungen *Damenpfad* und *Herrenpfad*, die es auf fast allen Inseln gibt, zeugen noch heute davon. Familienbäder wurden erst zu Beginn unseres Jahrhunderts eingerichtet: so auf Juist 1904, auf Norderney gar erst 1908. Bis dahin durfte der Strandabschnitt zwischen Damen- und Herrenbad während der Badezeit nicht betreten werden; zeitweise war sogar genau vorgeschrieben, was man beim Baden zu tragen hatte. Jahrzehntelang badete man von Badekarren aus, die von Wärtern bzw. Wärterinnen ins Wasser geschoben wurden. Über eine Leiter stiegen die Kurgäste ins Meer. Die Herren gingen ein paarmal in die Knie, die Damen vollführten einige Knickse, dann war das Bad beendet. Auf Norderney hatten Dienstboten für die Benutzung des Badekarrens weniger zu zahlen als ihre Herrschaften oder Kinder; auf Juist gab es für Arme eine Ermäßigung. Wer als arm gelten durfte, entschied der Inselvogt oder der Ortsprediger.

mer mit separatem Kinderzimmer oder Küchenzeile. *12 Zi., Süderdünenring 49, Tel. 04972/701, Fax 91 02 13, Kategorie 2*

Strandeck

Exzellente Küche, Hallenbad, Sauna. Gehört zu den Silence-hotels. Nur wenige Schritte vom Strand und Kurzentrum entfernt. *35 Zi., Kavalierspad 2, Tel. 04972/68 80, Fax 68 82 22, Kategorie 1*

KUR, SPIEL UND SPORT

Angeln

Der Sportfischerverein Langeoog gibt Tagesscheine für den Teich hinter dem Flugplatz aus.

Kegeln

Kegelbahn im *Landhaus am Schniederdamm, Tel. 04972/527*

Kuren

Kurmittelhaus im Kurzentrum, Kurstraße

Meerwasser-Hallenbad

Zweimal stündlich werden im 1980 gebauten Hallenbad (40 m lang, bis 2,40 m tief) Wellen erzeugt. Die Wassertemperatur liegt bei 28 Grad. Nachmittags steht auch das alte Hallenbad mit vier 25-Meter-Bahnen und einer sprunggerechten Wassertiefe bis zu 3,80 m der Allgemeinheit zur Verfügung. *Nov.–Mitte Dez. geschl., Öffnungszeiten tgl. unterschiedlich, Kurzentrum*

Reiten

Zwei Reitställe bieten Reitunterricht und Ausritte an. *Reithalle Kuper, Süderdünenring, Barkhausenstr. 18, Tel. 04972/62 69; Reiterhof Wiek, Schniederdamm 8, Tel. 04972/725*

Schießsport

Im Schießverein Langeoog können auch Gäste die Schießsportanlage nach Absprache nutzen. *Auskunft: H. H. Otten, Tel. 04972/293*

Segeln

Eine 1998 neu eröffnete Segelschule bietet Segelkurse und Schnuppertörns an. *Auskunft: Arvid Männicke, Postfach 1423, Tel. 04972/66 99, Fax 66 11*

Strandsegeln

Zwischen Oktober und März, wenn in der Nebensaison der Besucherandrang nicht allzu groß ist, wird das Strandsegeln gestattet. *Auskunft: Bent Bents, Heerenhusstr. 8, Tel. 04972/585*

Strandsport

Sport- und Gymnastiklehrer organisieren im Auftrag der Kurverwaltung den Sommer über Gymnastik, Volleyball, Strandkegeln und Sportfeste für Kinder auf dem Strandsportplatz.

Tauchen

Tauchkurse nach PADI-Standards. *Auskunft: Cool Diving, Melkerpad 15, Tel. 04972/60 86 und 69 32 41*

Tennis

Drei Kunstrasenplätze stehen im Freien zur Verfügung, zwei weitere Plätze in der Tennishalle. Ein einwöchiges Gästeturnier findet im Juli statt. *Tenniscenter am Kavalierspad, Tel./Fax 04972/10 77*

Tischtennis

Zwischen Mai und September kann in einer Halle in den Dünen hinter dem Loccumer Inselhospiz gespielt werden. Schläger und Bälle sind mitzubringen.

Muscheln mit Löchern

Muschelschalen mit kleinem Loch werden am Nordseestrand gern gesammelt, denn sie lassen sich gut zu Ketten aufreihen. Schaut man genauer hin, kann man zwei Arten von Löchern unterscheiden, die verschiedene Ursachen haben. Unregelmäßige, ausgefranste Löcher sind durch Reibung der Schalen auf Sand oder anderem harten Material entstanden. Die kreisrunden Löcher mit glattem Rand jedoch sind Indiz eines »Mordes«: Nabelschnecken haben ihren Rüssel durch die Schale gebohrt, um die Muschel auszusaugen. Findet man hingegen Muschelschalen und Schneckengehäuse mit einer Vielzahl von Löchern, zeugen die vom Werk des Bohrschwamms. Diese Löcher stehen untereinander im Innern der Schalen durch Gänge in Verbindung, in denen der Bohrschwamm gelebt hat.

Veranstaltungen
Haus der Insel, Kurzentrum

Windsurfen
Surfschulen und Firmen, die Bretter verleihen, finden sich am ausgewiesenen Surfstrand.

AM ABEND

Düne 13
Musiklokal auf den Dünen mit DJ, aber ohne Tanzfläche. Bei gutem Wetter sitzt oder steht man auch auf der Promenade. *Di–So 19.30–2 Uhr, Fr und Sa bis 3 Uhr, Höhenpromenade 1*

In't Stürhus
Bierlokal, das auch von vielen Einheimischen gut besucht wird. Phantasievolle maritime Einrichtung; das Bier wird aus einem Taucherhelm gezapft. *Barkhausenstr. 2, tgl. ab 11 Uhr*

Piano
Diskothek hinter der gleichnamigen Pizzeria unterhalb der Strandhalle. *So–Do 23–2, Fr/Sa 23–3 Uhr, Kavalierpad*

Windlicht
Zwei kleine Kinos, ein Bistro und ein Restaurant unter einem Namen und einem Dach. *Hospizplatz 7, Tel. 04972/922 50, Restaurant Mi–Mo ab 12 Uhr, Kategorie 2*

AUSKUNFT

Kurdirektion
Hauptstr. 28 (im Rathaus), Postfach 12 63, 26454 Langeoog, Tel. 04972/69 30, Fax 65 88, www.langeoog.de

Zimmervermittlung
Fährhusweg 7 (am Bahnhof), 26454 Langeoog, Tel. 04972/69 32 01, Fax 69 32 06

AUSFLUGSZIELE

Tagesfahrten werden nach Baltrum, Norderney, Spiekeroog und Wangerooge angeboten. Helgoland steht im Juli und August je vier- bis fünfmal wöchentlich auf dem Programm, sonst zweimal monatlich. Außerdem gibt es Törns zu den Seehundbänken und Rundfahrten mit Fischfang im Wattenmeer. *Info: Kurdirektion*

US·SPIELBANK

Baden-Baden an der Nordsee

Ein Staatsbad mit viel historischem Flair und viel zuviel Autoverkehr

Am Hafen von Norddeich geht es zu wie im Taubenschlag. Die Fähren nach Juist fahren zwar nur zweimal täglich, doch die nach Norderney (**108–109/B–F 5–6**) sind im Hochsommer – tideunabhängig – ohne Unterlaß unterwegs. Und ihr Autodeck ist immer gut gefüllt. Bevor die Fähre den Hafen von Norderney erreicht, fährt sie ein gutes Stück an der Südwestküste der Insel entlang – am Westbad mit seinem Badestrand. Am Hafen warten Busse und Taxis, um den Gast in die Stadt Norderney oder zu seinem Quartier zu bringen.

Obwohl die Insel nur 6500 ständige Einwohner zählt, bietet sie ihren Gästen weit mehr als gleich große Gemeinden auf dem Festland. Schließlich kann man bis zu 40 000 Gäste unterbringen – und für sie und weitere 10 000 Tagesbesucher sind Infrastruktur, Gastronomie und Geschäftswelt eingerichtet. Wer zuerst auf den Fotos von Norderney über die Hochhäuser erschreckt war, wird bei einem Stadtbummel dann angenehm überrascht sein. Ohne Zweifel wurden auf dieser Insel mehr Bausünden als auf den anderen begangen, aber zugleich ist auf Norderney am meisten historische Bausubstanz erhalten geblieben. Ganze Straßenzüge mit Biedermeierhäusern und klassizistischen Bauten aus dem vorigen Jahrhundert sind noch zu bewundern. In ihren Wintergärten sitzen Pensionsgäste und bereiten sich ihr Abendbrot.

Architektonische Glanzpunkte sind das *Kurhaus* und das *Kurhotel* aus der goldenen Gründerzeit der Insel, als Norderney Sommerresidenz des Hannoveraner Königs war, aber auch Zweckbauten wie das *Postamt* und das *Kurtheater.*

Norderney hat sich nicht aus einem Dorf wie z. B. Spiekeroog entwickelt, hat aber trotzdem sein eigenes, starkes Flair, dessen Wurzeln ins letzte Jahrhundert reichen. Damals war es Treffpunkt der feinen Gesellschaft. Zu den Gästen zählte der europäische Hochadel. So wie Baden-Baden mit seinen Thermen seit dem 18. Jh. das Modebad im Süden Deutschlands war, entwickelte sich Norderney mit seinem Salz-

Im Norderneyer Kurhaus war schon um 1850 der König von Hannover zu Gast

wasser im 19. Jh. zum Gesellschaftstreff des Nordens. Zweimal kam Heinrich Heine, regelmäßig Feldmarschall Leberecht von Blücher, Otto von Bismarck gehörte ebenso dazu wie Theodor Fontane und Wilhelm von Humboldt.

Aber die Stadt Norderney nimmt nur etwa ein Sechstel der Insel ein, die schließlich 15 Kilometer lang und bis zu zwei Kilometer breit ist. Die Stadt breitet sich nur auf dem westlichen Sechstel zwischen Westbad und Meierei aus. Diese gilt als Bebauungsgrenze, die nicht mehr überschritten werden darf. Bis hin zur Inselmitte schließt sich eine Übergangszone an, die weitgehend naturbelassen ist, in der aber auch Golf- und Flugplatz sowie mehrere Campingplätze (auf den Ländereien ehemaliger Bauernhöfe) und Straßen mit Parkplätzen zu finden sind.

Die ganze östliche Inselhälfte ist dann Natur pur mit ausgedehnten Salzwiesen und Dünenlandschaften – so gut und ruhig wie auf jeder anderen Insel. Sie gehört zur Ruhezone des Nationalparks, durch die nur wenige genehmigte Wege führen. Hier kann es einem durchaus widerfahren, daß man den nächsten Wanderer nur mit dem Fernglas erkennen kann. Einmalig für die Ostfriesischen Inseln sind in diesem Gebiet die durch Windausblasungen entstandenen Dünentäler, die teilweise bis auf das Grundwasserniveau hinab-

MARCO POLO TIPS FÜR NORDERNEY

1 **Alt-Norderneyer Fischerhaus**
Die Geschichte der Insel wird im originalgetreuen Nachbau eines Fischerhauses lebendig (Seite 63)

2 **Kurhaus**
Das schönste Gebäude Norderneys sah schon viele illustre Gäste (Seite 61)

3 **Kurhotel**
Im traditionsreichen Hotel logierten einst die Gäste des Königs (Seite 66)

4 **Kurtheater**
Konzerte und Theateraufführungen werden in der Atmosphäre eines kleinen Hoftheaters zum Erlebnis (Seite 61)

5 **Marienhöhe**
Wo heute ein originelles Café steht, dichtete einst Heinrich Heine (Seite 65)

6 **Zur Mühle**
In der einzigen Windmühle der Ostfriesischen Inseln kann man jetzt gemütlich Tee trinken (Seite 65)

7 **Südstrandpolder**
Eine gute Stunde dauert die Wanderung um Norderneys ältestes Naturschutzgebiet (Seite 62)

8 **Die Welle**
In der Badelandschaft des Norderneyer Hallenbades kann man den ganzen Tag verbringen (Seite 67)

reichen, so daß in ihnen offenes Süßwasser steht. So kommt der Naturfreund auf Norderney ebenso auf seine Kosten wie der Aktivurlauber, der tagsüber surfen und später bis in die tiefe Nacht hinein tanzen will.

☛ Stadtplan Norderney auf den Seiten 112–113

BESICHTIGUNGEN

Georgshöhe **(112/C 1)**
Die Aussichtsdüne an der Strandpromenade ermöglicht einen guten Überblick über Stadt und Insel. Benannt ist sie nach dem blinden König Georg V. von Hannover, der Norderney in der Mitte des 19. Jhs. zu seiner Sommerresidenz erhob.

Kaiser-Wilhelm-Denkmal **(112/B 2)**
Aus 75 Städten des Deutschen Reichs wurden 1898 insgesamt 100 Tonnen schwere Steinquader nach Norderney verfrachtet, um daraus einen 13 m hohen Obelisken zu errichten. Er soll an die Gründung des Deutschen Reichs im Jahre 1871 erinnern. Die Quader tragen die Namen der Städte, die Steine schickten, einige entstammen historischen Bauwerken wie dem Frankfurter Römer oder der Kölner Stadtmauer. *Bismarckstr./Herrenpfad*

Kurhaus **(112/B 4)**
★ Das schönste Gebäude auf Norderney ist noch immer das 1840 im klassizistischen Stil errichtete Kurhaus mit seinem schattigen Laubengang. Seit 1978 beherbergt es die Spielbank der Insel. *Am Kurplatz*

Kurtheater **(112/C 3)**
★ Das Kurtheater aus dem Jahre 1890 ist ein wahres Schmuckstück, das an der Küste nicht seinesgleichen hat. Mit seinen 415 roten Kordsamtsesseln, Logen, zweigeschossigen Rängen und der zart bemalten Stukkatur gleicht es einem kleinen, intimen Hoftheater. Die Landesbühne Niedersachsen-Nord gibt hier das ganze Jahr über regelmäßig Gastspiele; auch Konzerte sind hier zu hören. *Nur zu Veranstaltungen geöffnet, neben dem Haus der Insel*

Leuchtturm **(108/C 6)**
253 Stufen führen auf den über 54 m hohen Leuchtturm der Insel, dessen Lichtstrahl noch in 37 km Entfernung zu sehen ist. Sein Feuer dreht sich als einziges an der deutschen Küste links herum; der Leuchtapparat ist eine französische Reparationsleistung aus dem Krieg 1870/71. *Di–So 14–16 (Hauptsaison bis 17) Uhr. Demnächst soll der Leuchtturm renoviert werden, die Öffnungszeiten können sich daher ändern. Am Flugplatz*

Napoleon-Schanze **(113/D 3)**
Ein schöner Spaziergang führt von der Janusstraße durch eine baumreiche Parkanlage zur Napoleonschanze und dem ihr nördlich vorgelagerten Schwanenteich. Die Wallanlage stammt aus der Zeit der französischen Kontinentalsperre, als auf Norderney etwa 200–300 französische Soldaten stationiert waren. Heute wird sie zwischen Juni und August als *Waldkirche* genutzt, in der unter freiem Himmel evangelische Gottesdienste stattfinden. *Frei zugänglich*

Nationalpark-Haus **(113/F 6)**
Im modernsten Nationalpark-Haus der Ostfriesischen Inseln

läuft jede halbe Stunde eine sehr eindrucksvolle Diaschau mit faszinierenden Bildern, effektvoller Musik und kargen Worten. In den Ausstellungsräumen wird an einem Modell die Entstehung der Gezeiten demonstriert und über die Lebensbedingungen der Seehunde informiert. Mitarbeiter des Nationalpark-Hauses veranstalten regelmäßig naturkundliche Wanderungen, z. B. zu den Buhnen und entlang des Spülsaums. Schon für Gruppen ab 5 Personen sind zahlreiche weitere Veranstaltungen möglich. *Di–So 10–18 Uhr, Eintritt frei, Am Hafen, Tel. 04932/2001*

Postamt **(112/B 3)**
Eines der schönsten historischen Gebäude der Stadt ist das 1891/92 errichtete Postamt mit seinen Ziegelverzierungen, der dekorativen Bemalung und dem neoromanischen Rundbogenfries. Es wird abends effektvoll angestrahlt. *Poststr. 1*

Schiffswrack **(109/F 5)**
Im äußersten Osten der Insel liegt seit 1968 das Wrack eines Muschelbaggers im Sand. Er hatte versucht, ein anderes, auf der Sandbank festsitzendes Schiff freizuschleppen, das sich später selbst befreien konnte, und war dabei selbst unrettbar gestrandet. Man erreicht das Wrack über den einzig zulässigen und markierten Weg durch diesen Inselteil. An ihm steht ganz in der Nähe zwischen März und Oktober auch ein Informationswagen der Nationalparkverwaltung, in dem Erläuterungen zum Thema Salzwiesen und zu den Seehunden gegeben werden, von denen einige häufig mit dem Fernglas weiter südwestlich gut auszumachen sind.

Senderdüne **(108/C 6)**
Von der Aussichtsdüne neben der gleichnamigen Jugendherberge hat man einen guten Rundblick und Einsicht in grundwassernahe, feuchte Dünentäler mit Birken und Strauchweiden.

Südstrandpolder **(108/B–C 6)**
★ Norderneys ältestes Naturschutzgebiet ist Brutgebiet für etwa 40 verschiedene Vogelarten, darunter Nachtigallen und Weihen, Bartmeisen und Rohrdommeln, Teichrohrsänger und Wasserrallen. Zudem ist es ein wichtiges Rast- und Nahrungsgebiet für viele Enten-, Gänse und Watvogelarten.

Das 140 ha große Areal östlich des Hafens wurde erst 1940/41 eingedeicht und aufgespült, weil die Nationalsozialisten hier einen Flughafen anlegen wollten, der dann aber doch nicht fertiggestellt wurde. Nahezu unbeeinflußt vom Menschen konnte sich hier ein vielgestaltiges Feuchtgebiet entwickeln, auf dem sowohl süßwasserabhängige als auch salzverträgliche Pflanzen gedeihen. Erst Ende des letzten Jahrzehnts wurden zusätzlich Süßwasserteiche mit Flachwasserzonen angelegt und der zu üppig gedeihende Strauchbestand teilweise entfernt. Schöne Einblicke in diese amphibische Landschaft gewinnt man bei einer etwa 4,5 km langen Deichwanderung rund um den Südstrandpolder; die Vogelwelt läßt sich am besten mit einem Fernglas von der Beobachtungshütte auf der südlichen Deichlinie studieren.

Wasserturm **(113/E 2)**
Der 42 m hohe Wasserturm aus dem Jahre 1929 ist eins der Wahrzeichen der Insel. Er hat ein Fassungsvermögen von einer halben Million Litern. *Innenbesichtigung nicht möglich, Jann-Berghaus-Str. 34*

Windmühle Seldenrüst **(113/E 3)**
Die einzige Windmühle der Ostfriesischen Inseln, ein einstöckiger Galerieholländer, war von 1862 bis 1962 in Betrieb und konnte bei Bedarf und günstigem Wind bis zu fünf Tonnen Korn am Tag mahlen. Heute beherbergt sie das Restaurant »Zur Mühle«. *Innenbesichtigung nicht möglich, Marienstr. 24*

MUSEUM

Alt-Norderneyer Fischerhaus **(112/B 4)**
★ Das hübsche Fischerhaus, originalgetreuer Nachbau eines alten Hauses aus der Zeit um 1800, birgt seit 1937 das Heimatmuseum der Insel. Es zeigt die Entwicklung vom Fischerdorf zum Staatsbad, dokumentiert die Inselgeschichte – so sind z. B. die alten Bücher der Kurverwaltung zu sehen – und gibt in stimmungsvoll eingerichteten Stuben einen Einblick in die Wohn- und Arbeitswelt der alten Norderneyer. *Di, Do, Sa 15–17 Uhr, in der Hauptsaison erweiterte Öffnungszeiten, Im Argonnerwäldchen*

Klassizistische Häuser im Stadtzentrum von Norderney

RESTRAURANTS/CAFÉS

Börse **(112/B 3)**
Immer gut besuchtes Bistro mit kleiner Speisekarte und einer erlesenen Auswahl hochwertiger Obstbrände aus Deutschland, der Schweiz, Frankreich und Italien. *Tgl. ab 11 Uhr, Poststr. 8, Tel. 04932/575, Kategorie 2*

Carbonara **(112/C 2)**
Kleines, einfaches italienisches Restaurant mit einer bemerkenswerten Auswahl an preiswerten Pizzas. *Mi–Mo 11.30–14 und 17 bis 22.30 Uhr, Winterstr. 19, Tel. 04932/834 84, Kategorie 3*

Central-Café **(112/B 4)**
Das renommierte Café im Zentrum des Kurgeschehens verwöhnt seine Gäste nicht nur mit leckeren Kuchen und Torten, sondern hält auch süße Souvenirs aus eigener Herstellung parat: Schokolade in allen Geschenkvarianten und frische Pralinen. *Tgl. 10–19 Uhr, Am Kurplatz 1, Tel. 04932/911 10*

China-Garten **(113/C 3)**
Fernöstliche Genüsse werden in diesem Restaurant im *Haus der Insel* serviert. *Tgl. 12–15 und 17–23 Uhr, Am Kurtheater 1, Tel. 04932/38 82, mittags Kategorie 3, abends Kategorie 2*

City **(112/B 3)**
Einfaches Schnellrestaurant, in dem man sich außer mit deutschen Gerichten wie Schnitzel und Bratwurst auch sehr preiswert mit Gyros, Döner Kebab oder Ćevapčići sättigen kann. *Tgl. ab 11 Uhr, Wedelstr. 1, Kategorie 3*

König's Brasserie **(112/B 2)**
Gepflegtes und zwanglos-modernes Restaurant. Die Standard-Speisekarte mit vielen Fisch- und Steakgerichten wird durch saisonale Spezialitäten ergänzt – im Herbst z. B. durch Wildgerichte. *Tgl. 9–22 Uhr, Friedrichstr. 20, Tel. 04932/33 48, Kategorie 1*

Marienhöhe **(112/A 3)**
★ Auf der Düne, auf der Heinrich Heine sein später von

Heinrich Heine auf Norderney

Heinrich Heine, der 1825 und 1826 zu Gast auf der Insel war, liebte die Nordsee und die Dünen; die Einheimischen aber schätzte er offenbar nicht sonderlich. So erzählt er, die Tugend der Insulanerinnen werde »durch ihre Häßlichkeit und gar besonders durch ihren Fischgeruch« geschützt. Von ihrem Tee weiß er zu berichten, daß »der sich von gekochtem Salzwasser nur durch den Namen unterscheidet«.

Zugleich übte er sich in Tourismuskritik und sagte voraus, daß die Bekanntschaft mit den lockeren Sitten der Fremden für die Norderneyer nicht ohne schlimme Folgen bleiben werde, »die von dem Geldgewinn, der ihnen durch die Badeanstalt zufließt, nimmermehr aufgewogen werden«. Trotzdem haben die Norderneyer Heinrich Heine ein Denkmal gesetzt, welches erstaunlicherweise vom nationalsozialistischen Bildhauer Arno Breker geschaffen wurde. Das Denkmal steht am *Haus der Insel, Herrenpfad.*

Franz Schubert vertontes Gedicht »Lied vom Meer« schuf, steht heute ein origineller Kuppelbau mit zarten Deckenmalereien, durch dessen Panoramascheiben man einen prächtigen Blick aufs Meer genießt.

Torten und Kuchen kommen aus eigener Konditorei, die Speisekarte ist so ausgefallen wie Form und Lage des Cafés. Neben Milchreis mit Schattenmorellen findet man darauf auch Zitronengrassuppe mit Palmherzen, »1 Dose Ölsardinen, Toast und Butter« oder eine Trüffelconsommé mit Fleuron. Ab 21 Uhr wird Eiergrog serviert. *Di–So ab 10.30 Uhr, Küche 12–14 und 18.30 bis 21.30 Uhr, Strandpromenade, Tel. 04932/686, Kategorie 3*

Zur Mühle **(113/E 3)**
★ Das Restaurant in der einzigen historischen Windmühle der Ostfriesischen Inseln ist so beliebt, daß man ohne Tischreservierung fast nie einen Platz bekommt. Serviert werden neben Standardgerichten auch norddeutsche Spezialitäten wie Labskaus oder Grünkohl mit Hafergrütze. Der hier kredenzte Grog ist einer der besten im Norden: Er wird mit echtem, 73prozentigem Jamaika-Rum zubereitet. Am Nachmittag trifft man sich hier zur ostfriesischen Teestunde. *Do–Di 11.30–22 Uhr, Küche 11.30 bis 14 und 18–21.30 Uhr, Marienstr. 24, Tel. 04932/20 06, Kategorie 1*

Le Pirate **(112/B 2)**
Das Fischrestaurant gleicht einem maritimen Raritätenkabinett, das in über 20 Jahren liebevoll zusammengetragen wurde. Zur Dekoration gehören Fischernetze, Galionsfiguren, Leuchtturmmodelle,

Historische Mühle Seldenrüst mit beliebtem Restaurant »Zur Mühle«

Muschelschalen und ausgestopfte Fische. Eine der Spezialitäten des Hauses ist gegrillter Grönland-Heilbutt mit Pflaumen und Armagnac. *Tgl. 11.30–14 und 17.30 bis 21.30 Uhr, Friedrichstr. 37, Tel. 04932/18 66, Kategorie 1*

Weiße Düne **(108/C 5)**
Ausflugslokal am »schönsten Strand Europas« (Originalton Wirt). Trotz viel Plastik in der Einrichtung liebevoll maritim gestaltet. *Tgl. 8.30–19 Uhr, in den Dünen am Ostbadestrand, Tel. 04932/22 25, Mitte Nov.–Mitte März geschl., Kategorie 3*

Xanthi **(112/B 3)**
Im stimmungsvoll eingerichteten Restaurant, das den Namen einer der interessantesten Städte Nordostgriechenlands trägt, servieren Wirt Niko und sein freundliches Team Spezialitäten aus der Heimat. *Tgl. 11.30–14.30 und 17.30 bis 22.30 Uhr, Wedelstr. 4, Tel. 04932/841 32, Kategorie 2*

EINKAUFEN

Antiquitäten Peter Huber (112/B 3)
Schwerpunkt im Angebot sind unübersehbar alte Uhren jeder Art, darunter auch von Rolex aus den 30er Jahren und Uhren für Freimaurer. *Mi geschl., Lange Str. 2*

Das Lädchen (112/A 3)
Der 1953 in Wedel bei Hamburg geborene Maler und Grafiker Ole West lebt seit 1984 auf Norderney. Zu seinen bevorzugten Motiven gehören Leuchttürme, Schiffe, Küsten- und Insellandschaften, Fische und Muscheln. Häufig zeichnet er sie auf See- und Landkarten, Notenblätter oder alte Manuskripte. Zu seinen Techniken gehören auch die Aquarellmalerei und die Druckgraphik. Eine gute Auswahl seiner Werke ist im *Lädchen* ausgestellt und dort auch zu erwerben. *Luisenstr. 34/Ecke Strandstr.*

Ideen für Kinder (112/B 3)
Gutes Holzspielzeug und schöne Drachen, für die sich auch Erwachsene begeistern können. *Strandstr. 18*

Kunst & Form (112/B 2)
In diesem kleinen Laden wurde Kunsthandwerk aus aller Welt zusammengetragen. *Herrenpfad 7*

Silk-Art-Galerie Gisela Folkerts (112/B 3)
Die aus Oberhausen stammende Künstlerin malt Aquarelle auf Seide und kreiert Kleidung, Tücher, Lampenschirme und Kissen aus dem gleichen Material. Man findet darauf Inselmotive, aber auch Tiere und Abstraktes oder Impressionen von Rügen und Mallorca. *Bülowallee 1*

vonhand (112/C 2)
Kunsthandwerk und anspruchsvolle Gebrauchsgegenstände, die sich durch schönes Design auszeichnen, vom Käsemesser zur Vase, vom Korkenzieher zum Briefumschlag. *Winterstr. 25*

ÜBERNACHTUNG

Ginsterhaus (108/B 6)
Modernes Apartmenthaus in ruhiger Lage direkt an den Dünen, 400 m vom Badestrand entfernt. *10 Wohnungen für 2–4 Personen, Mainstr. 30, Tel. 04932/813 20, Fax 812 42, Kategorie 2*

Golf-Hotel (108/C 6)
Modernes Hotel mit Zimmern und Apartments nahe den Dünen am Golfplatz gelegen. Meerwasser-Schwimmbad, Whirlpool, Tennisplatz. Rollstuhlgeeignet. *31 Zi. und Apartments, Am Golfplatz 1, Tel. 04932/89 60, Fax 896 66, Kategorie 1*

Kurhotel (112/B 4)
★ Norderneys traditionsreichstes Hotel stand schon 1837/38 als königliches Logierhaus für fürstliche Gäste. Hinter der klassizistischen Fassade wurde es mittlerweile vollständig restauriert und modernisiert: Es gibt Sauna, Solarium und Whirlpool. Das Hotelrestaurant gilt als eins der besten der Insel. *19 Zi., Weststrandstr. 4, Tel. 04932/88 30 00, Fax 88 33 33, Kategorie 1*

Seehof (112/B 2)
Zentrums- und strandnah gelegenes Hotel in alter Villa mit familiärer Atmosphäre und freundlichen, hilfsbereiten Gastgebern, Restaurant und Gaststätte befinden sich im Haus. *15 Zi., Goeben-*

str. 2, Tel. 04932/810 77, Fax 834 83, Kategorie 2

Strandvilla Lührs **(112/A 4)**
Privatpension am Westbad; Zimmer nur mit fließend Wasser, aber z. T. mit Meerblick. Halbpension möglich. *10 Zi., Viktoriastr. 7, Tel. 04932/21 97, Kategorie 3*

KUR, SPIEL UND SPORT

Body-Building **(112/C 1)**
Das Fitneßzentrum im Strandhotel an der Georgshöhe steht auch Nichthotelgästen offen. Es gibt 20 Stationen fürs Körpertraining, außerdem ein Hallenbad, Whirlpool und Sauna. *Kaiserstr. 24, Tel. 04932/89 84 05 (ab 14 Uhr)*

Golf **(108/C 6)**
Einziger Golfplatz auf den sieben Inseln. Die ersten drei Löcher waren 1922 bespielbar, seit 1927 stehen alle neun Löcher zur Verfügung. Seine Länge über 18 Löcher (2 × 9 Löcher) beträgt 6046 m für Herren bzw. 5316 m für Damen, Par 72. *Golfclub Norderney, Tel. 04932/92 71 56*

Kegeln **(112/A 3)**
Zwei Kegelbahnen stehen Gruppen zur Verfügung; Vermittlung über *Hotel Am Damenpfad, Damenpfad, Tel. 04932/80 90*

Kuren **(112/B 4)**
Kurmittelhaus, Weststrandstr.

Meerwasserwellen-Freibad **(112/B 5)**
Unabhängig von Wind und Gezeiten kann man sich zwischen Juni und August in den Wellen des 22 Grad Celsius warmen Meerwassers im Freibad tummeln. Eine Sauna ist ebenfalls vorhanden. *So geschl., Am Weststrand*

Meerwasser-Hallenbad »Die Welle« **(112/B 4)**
★ »Die Welle« ist das schönste aller Hallenbäder auf den Ostfriesischen Inseln und nennt sich zu Recht ein Erlebnis- und Freizeitbad. Zur Badelandschaft gehören

Das blaue Wunder von Norderney: Meerwasserbad »Die Welle«

außer dem Brandungsbad mit 28 Grad Celsius auch ein Meerwasser-Bewegungsbad mit 32 Grad Celsius Wassertemperatur, eine 60 m lange Rutsche, eine Suhle mit Massageduschen, eine Sitzgrotte und ein Kinderplanschbecken. Nicht schön, aber zweckmäßig ist die Sauna gestaltet. *Unterschiedliche Öffnungszeiten, Am Kurplatz*

Reiten
Nur mit eigenem Pferd möglich.

Segeln (113/F 4)
Auf Norderney können Segelkurse für Anfänger und Fortgeschrittene, Kinder und Erwachsene gebucht und alle Segel- und Motorbootführerscheine erworben werden. *Treffpunkt Segelschule Norderney, Am Yachthafen, Tel./Fax 04932/766*

Strandgymnastik
Zur Strandgymnastik und sportlichen Spielen trifft man sich von Mitte Mai bis Ende September am *Westbad* und während der Hochsaison außerdem vor- und nachmittags am *Nordbad*. Bei Regenwetter werden die Aktivitäten in die *Badehalle am Weststrand* verlegt.

Strandsauna
Von Ostern bis Mitte Oktober kann man die Sauna am FKK-Strand besuchen.

Tennis (112/C 1)
Zwei Granulat-Hallen- und fünf Asche-Außenplätze stehen zur Verfügung. Kurse und Trainerstunden können gebucht werden. *Tenniscenter Georgshöhe, Tennisschule Matthias Kaster, Kaiserstr. 24, Tel. 04932/898405*

Veranstaltungen (112/B 3)
Haus der Insel, Herrenpfad

Windsurfen (113/F 4)
Von Ende April bis Mitte Oktober ist am Oststrand eine hochmoderne Surfstation in Betrieb, die immer mit dem neuesten F2- und North-Material ausgerüstet ist. Auskunft über *Happy am Yachthafen, Tel. 04298/648 und 84124, und Surfschule Seglerverein, Am Yachthafen, Tel./Fax 04932/82228*

AM ABEND

Automaten-Spielbank (112/B 4)
Das Spielkasino ist stilvoll im historischen Kurhaus angesiedelt, hat sich aber vom Angebot her den modernen Zeiten angepaßt. Sein Kern sind die ganzjährig geöffneten Automatensäle mit 100 Geräten, darunter einer für Black Jack und ein elektronischer Roulettetisch. *Im Kurhaus, April–Okt. tgl. 11–1 Uhr, sonst 14–22 Uhr, Am Kurplatz, Tel. 04932/745*

Cinema (112/B 3)
Bistro, an dessen langem Tresen sich abends auch viele Einheimische zwischen 25 und 40 Jahren treffen. *Tgl. 16.30 bis 1.30 Uhr, Wedel-Str. 3*

Inselkeller (112/B 3)
Auch außerhalb der Hauptsaison immer gut besuchtes Tanzlokal für jedes Alter. Gespielt werden überwiegend deutsche und internationale Hits der 70er und 80er Jahre. *Tgl. ab 19 Uhr, Haus der Insel*

Kino im Kurtheater (112/B 3)
Täglich mehrere verschiedene, häufig topaktuelle Filme. *Im Haus der Insel*

Möpken **(112/B 3)**
Kellerlokal mit Musik, in dem sich vor allem junge Gäste und Norderneyer unter 30 Jahren treffen. *So–Do 20–2 Uhr, Fr und Sa bis 3 Uhr, Poststr. 10*

Schwalbennest **(112/B 3)**
Bierlokal mit langem Tresen, von dessen Decke zahlreiche Kinderschuhe als Dekoration herabhängen – nach Aussage des Wirtes von Gästen auf der Insel abgelaufen. *Tgl. ab 18 Uhr, Poststr. 11*

AUSKUNFT

Kurverwaltung **(112/B 4)**
Weststrandstr. 2, Postfach 13 55, 26535 Norderney, Tel. 04932/ 89 10, Fax 89 11 12, für allgemeine Informationen *www.norderney-staatsbad.de.*

Norderneyer Verkehrsbüro/ Zimmervermittlung **(112/C 4)**
Postfach 16 22, 26538 Norderney, Tel. 04932/918 50, Fax 824 95, e-mail: norderneyer-verkehrsbüro@t-online.de. Für Pauschalangebote und Unterkunft

Auskunftsbüro **(112/C 4)**
(am Inselbahnhof), Bülowallee 5, Mo–Fr 9–18 Uhr, Sa 10–12.30 und 14–16 Uhr, So 10–12.30 Uhr, während der Hochsaison erweiterte Öffnungszeiten

AUSFLUGSZIELE

Schiffsausflüge führen mehrmals wöchentlich nach Helgoland. Außerdem werden mehrmals monatlich Ausflugsfahrten nach Baltrum, Borkum, Juist, Langeoog und Spiekeroog sowie Einkaufsfahrten zum holländischen Eemshaven (ohne Landgang) angeboten. Weiter kann man zu den Seehundsbänken fahren und zu Abendfahrten in See stechen.

Helgoland **(U/E 1)**
Helgoland liegt 70 Kilometer vor der Küste in der Deutschen Bucht und gehört seit 1932 zum schleswig-holsteinischen Kreis Pinneberg. Die Hauptinsel ragt als roter, bis zu 60 Meter hoher Fels aus dem Meer. Er wird größtenteils aus Buntsandstein gebildet; die Rotfärbung wird durch oxydierende Eisenbeimengungen hervorgerufen. Der Ort Helgoland (1731 Ew.) ist dreigeteilt. Er besteht aus dem *Unterland* mit Kur- und Verwaltungseinrichtungen, dem *Oberland* mit Schule und Kirche sowie dem kleinen *Mittelland* mit dem Krankenhaus.

Dieses Mittelland ist das Ergebnis eines englischen Versuchs im Jahre 1947, die ganze Insel in die Luft zu sprengen. Mit über 6700 Tonnen in Bunkern und unterirdischen Gängen deponierten Sprengstoffs wurden 900 000 Tonnen Fels in die Luft gejagt – nicht genug, um die Insel von der Landkarte verschwinden zu lassen. Die Bevölkerung war vorher evakuiert worden und durfte erst 1952 auf ihre Insel zurückkehren. Bis dahin nutzte die britische Luftwaffe Helgoland als Übungsplatz für Bombenabwürfe, von denen noch viele Trichter auf dem Oberland zeugen. Kein Wunder also, daß das Ortsbild Helgolands deutlich vom schnellen Wiederaufbau in den 50er und 60er Jahren zeugt – historische Bauten sind nicht erhalten.

Der Felsinsel in anderthalb Kilometer Entfernung vorgelagert ist die sogenannte *Düne* mit den beiden Badestränden und dem

Flugplatz Helgolands. Um ihn anlegen zu können, wurde die vor dem Zweiten Weltkrieg sehr viel kleinere Düne ab 1938 künstlich um das Achtfache erweitert. Heute ist sie bis zu zwei Kilometer lang und bis zu 600 Meter breit. Kostenpflichtige Fähren pendeln ständig zwischen Hauptinsel und Düne hin und her. Zwischen Düne und Fels liegen im Sommer häufig bis zu sieben Ausflugsdampfer vor Anker, die bis zu 8000 Passagiere täglich nach Helgoland bringen. Um an Land zu kommen, müssen sie in Börteboote umsteigen: offene Motorboote aus Eichenholz, die bis zu 50 Fahrgästen Steh- und Sitzplätze bieten.

Die Aufenthaltsdauer auf Helgoland beträgt für Tagesausflügler meist drei bis vier Stunden. Das ist ausreichend Zeit für einen etwa einstündigen, 3 km langen Rundgang um das Oberland auf dem Klippenrandweg, eine Kaffeepause auf einer Panoramaterrasse und einen Einkaufsbummel durch die vielen Läden, die Zigaretten, Spirituosen, Käse, Butter und manch andere Waren preisgünstig anbieten. Helgoland ist ja von vielen bundesdeutschen Steuern befreit. Zigaretten und Spirituosen sind etwa 40 Prozent billiger als im übrigen Deutschland, für andere Waren entfällt zumindest die Mehrwertsteuer.

Zollvorschriften
Ausgeführt werden dürfen pro Person ab 17 Jahren 200 Zigaretten, 1 l Spirituosen und zusätzlich Waren im Wert bis zu 350 Mark, darunter 5 kg Butter und 5 kg Käse sowie 500 g Kaffee, 100 g Tee, 50 g Parfüm und 250 ml Eau de toilette.

Rundgang
Vom Kurplatz am Anleger führt der *Lung Wai* als Hauptstraße durch das Unterland zum Fahr-

Einst war die »Lange Anna« von Helgoland ein Felsbogen

stuhl und zur Treppe aufs Oberland. Der Straßenname ist nicht etwa chinesischen Ursprungs, sondern entstammt dem Helgoländer Friesisch, das auf der Insel noch immer gepflegt wird. So bezeichnen sich die Insulaner selbst auch nicht als Helgoländer, sondern als *Halluner.*

256 Stufen oder eine kurze Fahrstuhlfahrt trennen Unter- und Oberland. Folgt man oben dem rotgepflasterten Klippenrandweg im Uhrzeigersinn, kommt man zunächst zum *Lummenfelsen,* an dem zwischen April und Juni weit über 1000 Trottellummen nisten. Von einer Aussichtsplattform aus kann man dem Treiben der Vögel zuschauen, ohne sie zu stören.

Der ganzjährige Höhepunkt jeder Inselumwanderung ist dann der Anblick des Helgoländer Wahrzeichens, der *Langen Anna.* Der 48 Meter hohe, freistehende Fels unmittelbar vor der Felsküste, der noch bis 1860 durch einen natürlichen Felsbogen mit der Insel verbunden war, ist eine für Helgoland typische Erscheinung, vom Meer bearbeitet.

Immer wieder fraß die Brandung im Laufe der Jahrtausende Tore in den Fels. Die Torbögen brachen später ein, freistehende Felsen blieben stehen, bis auch sie dem Meer zum Opfer fielen. Um solch einem weiteren Abbrechen Helgolands vorzubeugen, erbaute man die 1300 Meter lange Uferschutzmauer, die auch für den weiteren Erhalt der Langen Anna sorgt.

Auf dem Rückweg in den Ort führt vom Klippenrandweg eine Treppe hinunter auf das Nordostland mit dem Fußballplatz und der Jugendherberge der Insel. Dieses gesamte Areal ist wie weite Teile der Düne Neuland, das in nationalsozialistischer Zeit aus militärischen Gründen künstlich aufgespült wurde. Hinunterzugehen lohnt für Tagesbesucher kaum; schöner ist es, sich kurz vor Wiedererreichen des Fahrstuhls noch auf die Panoramaterrasse des *Cafés Felseneck* zu setzen, von der man über die Reede mit den Ausflugsdampfern und die Badeinsel auf die offene See blickt.

Bevor man dann wieder das Börteboot besteigt, fällt am Ansatz der Landungsbrücke vielleicht noch die Büste des deutschen Dichters *Hoffmann von Fallersleben* (1798–1874) auf. Er schrieb im Jahre 1841 auf Helgoland den Text des Deutschlandliedes, dessen dritte Strophe, gesungen zu einer Melodie aus Joseph Haydns Kaiserquartett, zur Nationalhymne der Bundesrepublik Deutschland wurde. Helgoland gehörte damals schon seit 1814 zu England, bei dem es bis 1890 blieb. Zuvor stand die Insel unter der Flagge Dänemarks und Schleswigs.

Auskunft

Büro des Verkehrsamtes auf der Landungsbrücke oder Kurverwaltung, Lung Wai, Postfach 7 20, 27489 Helgoland, Tel. 04725/814 30, Fax 81 43 25, www.helgoland.de

Anfahrt

Tagesschiffsausflüge nach Helgoland werden im Sommer von allen Ostfriesischen Inseln außer Borkum angeboten, teilweise mehrmals wöchentlich. Die Fahrzeit beträgt je nach Insel etwa 2 ½ bis 3 Stunden. Per Flugzeug ist Helgoland von allen Inseln außer Spiekeroog zu erreichen.

Grün und traditionsverbunden

Schon ein alter Schifferreim bezeichnet Spiekeroog als die Krone der Inseln

Spiekeroog (**110/A–C 5–6**) ist anders als die übrigen Ostfriesischen Inseln. Das Inseldorf liegt schon seit 1600 an der gleichen Stelle, mußte seitdem nie verlegt werden. Im historischen Ortskern mit seinen schmalen Gassen stehen nicht nur mehrere jahrhundertealte Insulanerhäuser, sondern auch hochgewachsene Bäume und die älteste Kirche aller sieben Inseln. Kein modernistischer Bau stört das harmonische, wirklich noch dörflich anmutende Ortsbild mit seinen Linden und Kastanien. Es gibt keinen Fahrradverleih, Fußgänger und Bollerwagen für die Kinder beherrschen die Szene.

Zwischen Dorf und Strand liegt ein außergewöhnlich breiter, grün bewachsener Dünengürtel, den stellenweise Wäldchen durchziehen; selbst in den Mulden zwischen den Dünen hat man häufig kleine Baumgruppen mit Erlen und Birken gepflanzt. Durch die Dünen führt ein dichtes Netz von Wanderwegen, an denen man immer wieder Fasane sieht; Aussichtsdünen gewähren einen prächtigen Überblick über die einzigartige Landschaft bis weit hinüber zum markanten alten Westturm von Wangerooge. Der Osten der Insel wird von ausgedehnten Salzwiesen geprägt, durch die kein einziger gepflasterter Weg führt. Priele, die dort die jungen Dünen umlagern, und weitläufige Brackwasserflächen verleihen der Ostplate ihren landschaftlichen Reiz.

Spiekeroog (748 Ew.) hat die touristischen Entwicklungen, die andere Inseln in den 60er, 70er und 80er Jahren durchgemacht haben, verschlafen. Inselfremde Investoren konnten weitgehend ferngehalten werden; die Insulaner haben mit ihren bescheidenen Mitteln selbst gebaut. Das Ergebnis gereicht dem Eiland heute zum Vorteil. Freilich ist Spiekeroog dadurch noch lange kein Ziel für jedermann: Wer eine vielfältige gastronomische Szene, erstklassige Hotels und ein abwechslungsreiches Nachtleben sucht, ist hier fehl am Platz. Wenn es dunkel wird, braucht man fast schon eine Taschenlampe, so sparsam sind hier die Straßenlaternen gesetzt.

Eine Dorfstraße im verträumten Spiekeroog

MARCO POLO TIPS FÜR SPIEKEROOG

1 Das Alte Inselhaus
Deftige Kost im ältesten Haus Spiekeroogs (Seite 77)

2 Alte Inselkirche
Ein romantisch anmutender Bau aus dem späten 17. Jh. und seine spanische Pietà (Seite 74)

3 Muschelmuseum
Ein Museum, das zum Schmunzeln anregt und nicht wissenschaftlich trocken sein will (Seite 77)

4 Ostplate
Eine der schönsten Insellandschaften ist erst 100 Jahre alt (Seite 75)

BESICHTIGUNGEN

Alter Anleger (110/A 5)
Die Reste des alten Anlegers, an dem bis 1981 die Inselfähren festmachten, sind ein beliebtes Wanderziel im Südwesten der Insel. Er war 1961 erbaut worden und ersetzte eine Landungsbrücke, die in ihrer Urform 1891 aus Holzbohlen errichtet worden war. Diese hatten die Spiekerooger von einem vor ihrer Insel gestrandeten Segelschiff geborgen.

Alte Inselkirche (110/A 5)
★ Als diese älteste erhaltene Kirche der Ostfriesischen Inseln 1696 erbaut wurde, war sie groß genug, um alle Insulaner aufnehmen zu können. Spiekeroog zählte damals nur etwa 100 Bewohner. Heute wird die Kirche nur noch im Winter für die sonntäglichen Gottesdienste genutzt; für das fremdenreiche Sommerhalbjahr hat man ein neues, sehr viel größeres Gotteshaus mit über 500 Plätzen erbaut.

Man betritt die alte Inselkirche durch einen niedrigen Vorbau, der früher auch als Bootsschuppen und Leichenhalle diente. Er birgt heute einen hölzernen Opferstock mit der eingeschnitzten Jahreszahl 1676 und sieben Apostelbildnisse unbekannten Alters.

Der Kirchenraum selbst wirkt wie das Miniaturmodell einer größeren Kirche. Von der Decke hängen zwei Schiffsmodelle herab; vorne rechts steht eine *Renaissancekanzel* aus dem 16. Jh. Die drei plattdeutschen Inschriften sind dem Psalm 119 sowie dem Johannes- und dem Lukas-Evangelium entnommen. Besonders stolz sind die Spiekerooger auf die schöne *Pietà,* eine farbige Skulptur, die Maria mit dem toten, gerade vom Kreuz genommenen Jesus zeigt. Sie stammt wahrscheinlich von einem Schiff der spanischen Armada, die 1588 eine Seeschlacht gegen die Engländer verlor. Der Sturm trieb die Überreste der Flotte auseinander, die Schiffe strandeten und zerschellten an den Küsten Schottlands und Irlands – und eins am Strand von Spiekeroog. So fand man hier auch bei Ausgrabungen im Jahre 1861 vor dem Altar ein Grab mit einem Skelett und einem spanischen Degen; auf dem Kirchhof entdeckte man spanische Münzen aus jener Zeit.

Heute sind auf dem von Bäumen beschatteten Kirchhof noch einige alte Grabsteine aus dem 18. und 19. Jh. zu sehen, die zum Teil schöne Segelschiffreliefs tragen. *Mo 16–17, Mi 11–12, Fr 17–18 Uhr, Eintritt frei. Abendandacht mit Abendmahl Di 21.30 Uhr, ökumenischer Tagesanfang Mi 8 Uhr, Abendandacht Fr 20.15 Uhr. Sonntagsgottesdienste nur in der neuen evangelischen Kirche. Zugang von Süder- und Noorderloog aus*

Kurpark (110/A 5)
Der 1985 in seiner heutigen Form eingeweihte Kurpark ist ohne Zweifel der schönste aller Ostfriesischen Inseln. Ein reicher Baumbestand und kleine Wasserläufe bilden einen naturnahen Kontrast zum stärker gärtnerisch gestalteten Teil vor dem offenen Musikpavillon, in dem während der Saison auswärtige Musikgruppen und die Mitglieder des Musikvereins Spiekeroog auftreten. *Frei zugänglich*

Museumspferdebahn (110/A 5)
Von 1981 bis 1996 verkehrte auf Spiekeroog die einzige Museumspferdebahn Deutschlands. Ob sie je wieder fahren wird, weiß man nicht – obwohl es sehr zu hoffen wäre.

Die erste Pferdebahnlinie Spiekeroogs wurde im Juli 1885 eröffnet. Sie führte 1660 m weit vom Dorf zum Herrenbadestrand im Inselwesten. 1892 schuf man auch zum gerade neu erbauten Schiffsanleger eine Abzweigung, die unterhalb des hölzernen Stegs auf dem Wattboden endete. Um die Passagiere abzuholen, mußten die Pferde oft bis zum Bauch ins Wasser hineingehen. Erst 1949 wurde der Anleger so umgebaut, daß die Schienen auf den Brückenkopf geführt werden konnten. Von 1934 bis 1945 bediente die Pferdebahn auch Spiekeroogs Flugplatz.

1949 wurde die Pferdebahn, die zuletzt bis zu 36 000 Fahrgäste im Jahr transportiert hatte, durch eine modernere Inselbahn mit Dieselloks ersetzt. Mit der Einweihung des neuen, ortsnahen Hafens im Jahre 1981 kam auch deren Ende.

Ostplate (110/B–C 5)
★ Spiekeroog ist in den letzten 100 Jahren stärker als jede andere Ostfriesische Insel nach Osten hin gewachsen. Jenseits der Hermann-Lietz-Schule und des Quellerdünenheims entstand eine gewaltige Sandplate von 7 km Länge und bis zu 2500 m Breite, die sich auch gegenwärtig noch immer vergrößert. (Eine Sandplate ist eine große Sandbank, die nur bei Sturmfluten, nicht aber bei normaler Flut unter Wasser gerät.)

Überblickt man sie von Westen her, sieht man niedrige Dünen unterschiedlichen Alters und von vielen Wasserflächen durchzogene Salzwiesen. Man ist überrascht, gen Osten kein Sandmeer wie sonst, sondern ausgedehntes Grün vor sich zu haben. Dieses einzigartige Areal hat sich seit etwa 1935 nahezu ungestört von Menschen entwickeln können, so daß hier schon anderswo selten gewordene Pflanzen wie der Strandqueller, die gelbblühende Strandwinde und die Strand- oder Salzaster noch in größerer Zahl vorkommen.

Außerdem ist die Ostplate Lebensgebiet zahlreicher Insekten und Brutstätte vieler Vögel wie

Austernfischern, Eiderenten, Silbermöwen, Zwergseeschwalben, See- und Sandregenpfeifern.

Die gesamte Ostplate darf nur auf einigen wenigen, gut markierten Wegen betreten werden, die zum Teil während der Brutzeit von April bis Juli ganz gesperrt sind. Sie stehen oft teilweise unter Wasser, so daß man sie nur mit Gummistiefeln betreten kann. Am besten beginnt man eine Rundwanderung am Wagen des Vogelschutzwartes (nahe der Hermann-Lietz-Schule), in dem der *Vogelwart täglich von 11 bis 13.30 Uhr* auch für Auskünfte zur Verfügung steht.

Weiße Dünen (110/A 5)
Die eindrucksvollen Dünen nördlich des Kurzentrums erreichen eine Höhe bis zu 24,5 Metern und gelten damit als die höchsten Erhebungen ganz Ostfrieslands.

MUSEEN

Meerwasseraquarium und Museum der Hermann-Lietz-Schule (110/B 5)
Die 1928 eröffnete, private Internatsschule hat Platz für 98 Schüler. Ihr Gründer war der Reformpädagoge Alfred Andreesen. Sein auf eine ganzheitliche Erziehung ausgerichtetes Konzept orientiert sich an den Grundsätzen des Reformpädagogen Hermann Lietz (1868–1919). Angeboten werden die Klassen 7–13; das monatliche Schulgeld beträgt zirka 3000 Mark. Neben dem Unterricht widmen sich die Schüler zahlreichen anderen Aufgaben, zu denen auch die Betreuung des Meerwasseraquariums und eines kleinen Museums gehört. Hier ist neben Vogeleiern, Muscheln, Vogelpräparaten und anderen naturkundlichen

Badestrand auf Spiekeroog: die rote Fahne warnt Nichtschwimmer und Kinder

Objekten auch ein Fernrohr ausgestellt. Der Raketenforscher Wernher von Braun benutzte es während seiner Schulzeit auf Spiekeroog, wo er 1930 das Abitur ablegte. Im Aquarium werden Meeresbewohner der Nordsee gezeigt. *Mo, Mi, Sa 15–17 Uhr, außerhalb der niedersächsischen Schulferien Mo 14.30 Uhr kostenlose Führung über das Gelände, Hellerpad 2*

Muschelmuseum (110/A 5)
★ Die ungewöhnlichste Muschelausstellung auf den Ostfriesischen Inseln präsentiert der Spiekerooger Dieter Schroeter. Er hat die etwa 1500 Muscheln und Meeresschnecken aus allen Weltmeeren nicht nur selbst zusammengetragen, sondern auch äußerst humorvoll und kreativ zusammengestellt. Ihnen sind keine wissenschaftlichen Namen zugeordnet, sondern assoziative Titel, die zum Schmunzeln anregen. *April–Okt. Mo–Sa 10–12 und 13.30–16.30 Uhr, Strandhalle*

Spiekerooger Inselmuseum (110/A 5)
Das 1996 neu eröffnete Museum in einem kleinen Inselhaus zeigt ausgestopfte Vögel und Muschelschalen von den Inseln. Ländliche Gerätschaften aus vergangenen Jahrhunderten sowie viele historische Fotos illustrieren das Leben und die Arbeit der Menschen früher. *Mo, Mi, Do, Fr 15.30 bis 17.30 Uhr, Noorderloog 1*

RESTAURANTS/CAFÉS

Das Alte Inselhaus
★ Stimmungsvolles Café und Restaurant im ältesten Haus des Dorfes (um 1700 erbaut). Deftige Gerichte für den großen Hunger dominieren auf der Speisekarte. *Tgl. 15–17 und 19–23 Uhr (Küche bis 21.30 Uhr), Süderloog 4, Tel. 04976/473, Kategorie 3*

Der Bahnhof
Modern eingerichtetes Bistro im ehemaligen Inselbahnhof. Neben Baguettes und Salaten wird auch Pizza angeboten. *Tgl. 17–0.30 Uhr, Westerloog 24, Tel. 04976/14 15, Kategorie 2*

Insel-Café
Große Tortenauswahl, empfehlenswert ist die Sanddorntorte. *Tgl. 8.30–12 und 14.30–17.30 Uhr, Noorderloog 13, Tel. 04976/91 20 10*

Spiekerooger Börse
Nüchtern eingerichtetes Restaurant mit freundlichem Service und exzellenter Küche. Gelobt wird die gut sortierte Fischplatte. *Di–So 11.30–14.30 und 17.30 bis 20.30 Uhr, Noorderpad 6, Tel. 04976/263, Kategorie 2*

Spiekerooger Teestube
Restaurant und Café in einem restaurierten über 20 Jahre alten Inselhaus. Hier gibt es ganzjährig Kohl und Pinkel, aber auch Buttergrog (Grog mit Johannisbeersaft und Zimt) oder heißen Apfelsaft mit Zimt. *Di–So ab 11 Uhr (Küche 11.30–14 und 17.30–21 Uhr), Noorderpad 1 (Eingang Noorderloog), Tel. 04976/204, Kategorie 2*

Teetied in't Witthus
Ein 200 Jahre altes Gebäude wurde liebevoll restauriert und birgt jetzt eine gemütliche ostfriesische Teestube. Spezialitäten: Obstkuchen der Saison und frische Butterwaffeln mit heißen Kirschen. *Tgl. 10–22 Uhr, Süderloog 1, Tel. 04976/15 93, Kategorie 2*

EINKAUFEN

Schröders Feine Kost
Wein- und Naturkostladen, der auch friesische und französische Käsespezialitäten verkauft. Außerdem werden Käsefondue- und Raclettegeräte verliehen. *Auch So 10–12 Uhr, Noorderloog 8*

Truhe
Große Auswahl an Lenkdrachen. Der Inhaber probiert jeden neuen Drachen erst selbst aus, bevor er ihn verkauft. *Noorderloog 7*

ÜBERNACHTUNG

Zur alten Inselkirche
Kleines Hotel in einem alten Inselhaus im Ortszentrum. *9 Zi., Noorderloog 4, Tel. 04976/251, Fax 15 42, Kategorie 2*

Haus Ebba
Zweigeschossige Wohnungen mit Kamin und Terrasse am Ortsrand unmittelbar hinter dem Deich mit Platz für bis zu fünf Personen. *4 Wohnungen, Süderloog 60, Tel. 04941/39 85, Kategorie 1*

Haus Klasing
Nichtraucherhaus mit Vollwertfrühstück außerhalb des Ortes auf einer Düne mit Blick auf Nordsee und Wattenmeer gelegen. Auch der ehemalige Bundespräsident Richard von Weizsäcker war hier schon zu Gast. *8 Zi., Westend 10, Tel. und Fax 04976/230, Kategorie 2*

Zur Linde
Das traditionsreichste und einladendste Hotel der Insel, 1856 als Gasthof erbaut und seit 1904 in Familienbesitz, steht unmittelbar im Ortszentrum nahe der alten Inselkirche. *21 Zi. und 2 Apartments, Noorderloog 5, Tel. 04976/ 919 40, Fax 91 94 30, Kategorie 1–2*

Haus Süderloog
Besonders preisgünstige Pension mit ganztägiger Küchenbenutzung und Etagenduschen. Die Mindestmietdauer beträgt fünf Tage. *9 Zi., Süderloog 3, Tel. 04976/ 207, Kategorie 3*

Inselfriede
Einziges Hotel mit kleinem Hallenbad; dazu Sauna, Solarium, Whirlpool und Fitneßraum. *17 Zi., Süderloog 12, Tel. 04976/919 20, Fax 91 92 66, Kategorie 1*

Strandidyll
Gepflegte Hotelpension garni mit Sauna in einem architektonisch besonders ansprechenden Haus. Mindestverweildauer eine Woche. *12 Zi., Wittdün 1, Tel. 04976/358, Fax 15 68, Kategorie 2*

Tante Emmas Haus
Wohnungen für bis zu fünf Personen in einem alten, unter Denkmalschutz stehenden Friesenhaus. *5 Wohnungen, Süderloog 31, Tel. 02543/252 69, Kategorie 1*

KUR, SPIEL UND SPORT

Kuren
Kurmittelhaus, Noorderpad 25

Meerwasser-Hallenbad
30 Grad warmes Meerwasser füllt das 25 × 10 m große Becken, in dem es allerdings keine Wellen gibt. *Kurzentrum, tgl. unterschiedliche Öffnungszeiten*

Reiten
Ausritte auf Islandpferden sind die Spezialitäten des *Islandhofs, Up*

de Höcht, Tel. 219. Reitunterricht sowie Dressur-, Spring- und Geländereiten bietet die Reithalle *Petschat, Achter d'Diek, Tel. 04976/14 01*

Segeln
Die Spiekerooger Segelschule bietet Kurse für den Segelgrundschein VDS, den Sportbootschein-Binnen und den BR-Schein des DSV sowie Mitsegeltörns »just for fun« an. *Dipl.-Ing. Wolfhart Klasing, Westend 10, Tel. 04976/230*

Strandsport
Am Strand und in der Strandsporthalle nahe der Strandhalle. Vier bis fünf unterschiedliche Aktivitäten (Badminton, Gymnastik, Tischtennis, Jazz-Dance, Volleyball, Jonglieren und Einradfahren, Boccia und Boßeln) stehen täglich zur Auswahl.

Tennis
Drei Allwetterplätze – quarzsandgefüllter Kunstrasen – in einer teilweise grünen Dünenlandschaft. Platzvermietung und Tennisschule von April bis Oktober. In der zweiten Julihälfte findet ein Gästeturnier statt. *Ingo Huth, Tel./Fax 04976/14 74*

Veranstaltungen
Inselhalle, Noorderpad 28

AM ABEND

Blanker Hans
Urgemütliche Bierkneipe in mehreren kleinen Räumen; immer gut gefüllt. *Ganzjährig geöffnet, tgl. ab 19 Uhr, Wuppspoor 2*

Chrissi
Modern mit kommunikationsfreundlichen Stehtischen und Barhockern eingerichtetes Lokal mit schönem Blick auf Dünen und Meer durch große Fensterscheiben und im Sommer von der Terrasse aus. Ideal für Sonnenuntergänge, *mittwochs und samstags Diskothek. Täglich ab 11 Uhr, Strandhalle*

Kino
Filme werden mehrmals wöchentlich im *Kursaal* oder in der *Inselhalle* gezeigt.

Laramie
20 Gehminuten westlich des Dorfes steht ein kleiner Bau, der tatsächlich an den Wilden Westen erinnert. Er entstand um die Jahrhundertwende als erstes Warmbad der Insel, in dem man bei jedem Wetter Wannenbäder in erwärmtem Meerwasser nehmen konnte. Von 1934 bis 45 diente er als Abfertigungsgebäude für den Spiekerooger Flugplatz – und jetzt beherbergt er ein Lokal allereinfachster Art. Nachmittags wird Ausflüglern Kaffee und Kuchen angeboten; abends trifft man sich bei Flaschenbier, kickt, flippert, steckt Geld in Spielautomaten oder spielt Billard. *Tgl. 14–17 und ab 21 Uhr, außerhalb der Hauptsaison nur abends ab 20 Uhr.*

AUSKUNFT

Kurverwaltung
Noorderpad 25, Postfach 11 60, 26466 Spiekeroog, Tel. 04976/919 30, Fax 91 93 47, www.spiekeroog-online.de

AUSFLUGSZIELE

Ausflugsfahrten nach Helgoland und Norderney werden während der Saison angeboten.

AR.

Ein Schiff wird kommen

Vor dem Strand ziehen dicke Pötte aus aller Welt vorbei

Auf der östlichsten Ostfriesischen Insel (**111/D-F4-5**) kann man den Urlaub im eigenen Land genießen und dennoch kräftig von der großen weiten Welt träumen. Tanker, Frachter, Containerschiffe und manchmal gar ein eleganter Kreuzfahrer passieren Wangerooge (1240 Ew.) in sicherem Abstand und doch nah genug, um sie auch bei mäßiger Sicht deutlich sehen zu können. Drei bedeutende Schiffahrtswege staffeln sich vor Wangerooge dicht hintereinander: die Einfahrt in den Jadebusen mit dem Öl- und Marinehafen Wilhelmshaven, die Einfahrt in die Wesermündung mit den großen Häfen von Bremerhaven und Bremen und – weiter draußen – die Seefahrtsstraße nach Hamburg.

Nicht immer hat die exponierte Lage Wangerooge Glück gebracht: Ihrer strategischen Bedeutung wegen mußte die Insel noch am 25. April 1945 den schwersten Bombenangriff hinnehmen, dem die Ostfriesischen Inseln je ausgesetzt waren. Binnen 15 Minuten legten 480 alliierte Bomber zivile und militärische Bauten auf der Insel in Schutt und Asche, 320 Menschen starben. Erst 90 Jahre vorher hatte eine Naturkatastrophe die Wangerooger fast zur Aufgabe ihrer Heimat veranlaßt: 1854/55 hatten schwere Sturmfluten das alte Inseldorf am Westturm völlig zerstört und die Insulaner größtenteils zur Abwanderung aufs Festland veranlaßt. Nur einige Unentwegte blieben auf dem Eiland und errichteten das neue Dorf in der Inselmitte.

So stehen denn im Dorf nur wenige ältere Häuser wie der Bahnhof von 1906. An ihm beginnt mit der Zedeliusstraße die Flaniermeile Wangerooges, die 600 Meter weit bis direkt an den Strand führt. Sturmfluten haben die Stranddünen an vielen Stellen, zuletzt 1962, 1973, 1976 und 1994, bis auf ein schmales Steilkliff abgetragen, so daß Wangerooge heute als einziges Dorf der Ostfriesischen Inseln fast unmittelbar am Badestrand liegt.

Im Osten ist Wangerooge hingegen in den letzten 300 Jahren um 2,5 Kilometer gewachsen. Zu den eindrucksvollsten Urlaubserlebnissen gehört eine Wanderung durch dieses abwechslungsreiche Neuland.

Mit dem Krabbenkutter unterwegs

Ehrenmal Hartmannstand (111/E 5)
Ein dunkles Holzkreuz auf einer Düne im westlichen Teil der Uferpromenade kennzeichnet den ehemaligen Bunker Hartmannstand. In ihm starben im Zweiten Weltkrieg beim großen Bombenangriff vom 25. April 1945 14 Soldaten und 6 Wehrmachtshelferinnen – »fürs Vaterland«, wie eine immer noch unverändert angebrachte Inschrift verkündet. *Zugang vom Abenteuerspielplatz und vom Surfkiosk aus*

Katholische Kirche (111/E 5)
★ In der 1961 gebauten Kirche *St. Willehad* faszinieren die beiden großflächigen Wände aus Beton und farbigen Glassteinen, mit denen der Maler Rudolf Krüger biblische Ereignisse beeindrukkend ins Gedächtnis ruft. Thema der in glühendem Rot gehaltenen Nordwand sind die Kreuzwegstationen. Die Südwand zeigt kirchliche Motive, die mit dem Wasser in Verbindung stehen.

So sieht man hier von rechts nach links: die Taube im Wasser des Heils, das von vier Strömen umflossene Paradies und darunter die Vertreibung Adams und Evas aus dem Garten Eden, Noah in der Arche und darunter den Jonas ausspeienden Wal. Daran schließt eine Darstellung von Moses an, der aus einem Fels in der Wüste Wasser schlägt; dann folgt der den Sturm stillende Jesus. Auf feurig rotem Hintergrund dann die Kreuzigung mit deutlicher Betonung des aus seiner Wunde strömenden Blutes und Wassers. Den Abschluß bilden die Darstellung der Auferstehung und das von Wasser umgebene himmlische Jerusalem. *Tagsüber geöffnet, Westingstr.*

Kriegsgräberstätte (111/E 5)
In einem Dünental am Fußweg zum Westen birgt ein Kiefernwäldchen eine kreisrunde Gedenkstätte, in der kleine Ziegel und große Sandsteinplatten die Namen von Kriegstoten verkünden, die hier bestattet sind. Es handelt sich dabei um deutsche Soldaten und Opfer des Bombenangriffs vom 25. April 1945 sowie um etwa 60 der insgesamt über 800 ausländischen Zwangsarbeiter, die ab 1940 zum Bau des Flugplatzes und anderer militärischer Anlagen auf der Insel eingesetzt waren. Sie stammten aus Polen, der Sowjetunion, Frankreich, Belgien, Holland und Marokko. *Tagsüber frei zugänglich, Fußweg zum Westen*

Neuer Leuchtturm (111/D 5)
Das höchste Bauwerk der Insel ist mit 67,2 m der 1969 in Betrieb genommene neue, vollautomatisch arbeitende Leuchtturm. Die Lichter auf Höhe der unteren Plattform dienen der Schiffahrt im Nahbereich; der alle 4,9 Sekunden aufblinkende rote Lichtstrahl ganz oben leuchtet 56 km weit in die Deutsche Bucht hinein. *Innenbesichtigung und Besteigung nicht möglich. Am Weg von der Saline zum Alten Westturm*

Rosenhaus und -garten (111/E 4)
Der schon 1928 angelegte kleine Park mit weiter Rasenfläche und schönen Rosenbeeten wird durch den Musikpavillon, in dem bei gutem Wetter die Kurkonzerte stattfinden, zum Kurpark der Insel. An seinem Ostende ist im

MARCO POLO TIPS FÜR WANGEROOGE

1 Café Pudding
Kuchen mit Blick auf dicke Pötte aus aller Welt (Seite 85)

2 Heimatmuseum
Lokale Sammlerobjekte im Alten Leuchtturm (Seite 84)

3 Katholische Kirche
Beeindruckende Sakralkunst (Seite 82)

4 Collage Galerie
Moderne Kunst in vielen Varianten, aber alles aus der Hand einer einzigen Künstlerin (Seite 86)

5 Westturm
Originellste Jugendherberge der Ostfriesischen Inseln in neuem Bauwerk mit vielen historischen Erinnerungen (Seite 83)

Rosenhaus das Informationszentrum des Nationalparks Niedersächsisches Wattenmeer eingerichtet. Eine kleine Ausstellung klärt über Tiere, Pflanzen und Ökologie in Watt und Nordsee auf, mehrmals täglich werden Filme gezeigt. Außerdem bietet das Nationalpark-Haus auch Vorträge, naturkundliche Wanderungen und Fahrradtouren sowie Kinderstunden an. Veranstaltungspläne hängen im Ort aus. *Rosenhaus, Mo–Fr 9–13 und 14 bis 18 Uhr, Sa und So 10–12 und 15 bis 17 Uhr, Eintritt frei, Friedrich-August-Str. 23, Tel. 04469/89 54*

Westturm **(111/D 5)**

★ Das weithin sichtbare Wahrzeichen Wangerooges erhebt sich seit 1933 über 56 m hoch am Westende der Insel. Es ist die Heimat einer der originellsten deutschen Jugendherbergen. Der Turm ist auf 124 Eisenbetonpfählen von 6 m Länge und 30 cm Dicke gegründet und aus etwa einer halben Million Klinkersteinen erbaut. In seinen Grundformen ist er eine Replik des alten Wangerooger Westturms aus der Zeit um 1600. Wegen seiner Bestimmung als Jugendherberge mußte er jedoch zahlreiche Fenster erhalten.

Der alte Westturm mit seinen bis zu 2,20 m dicken Mauern trotzte allen Sturmfluten und diente bis 1914 über 300 Jahre lang den Schiffern als markantes Seezeichen. Er war auf Drängen der Bremer Kaufmannschaft zwischen 1597 und 1602 entstanden. Sie benötigten einen Ersatz für den 1595 endgültig eingestürzten Turm der Nikolaikirche im ersten Wangerooger Dorf. Als Gegenleistung erhielten die Oldenburger Grafen, in deren Herzogtum Wangerooge lag, zum Leidwesen der Bremer vom Kaiser 1623 das Recht, Zoll an der Weser bei Brake zu erheben. Zugleich wurde im Turm ein Leuchtfeuer angebracht, das wegen der Brandgefahr jedoch später wieder ausgelagert wurde.

Im Schatten des Turms entstand im 17. Jh. Wangerooges zweites Dorf. Der Turm selbst wurde als Gefängnis und Lager für Strandgut, für Wohnzwecke und als Kirche genutzt. Sein Ende

Das Sahnehäubchen auf Wangerooge: Café Pudding

kam Weihnachten 1914: Man sprengte ihn, damit er feindlichen Schiffen nicht als Orientierung dienen konnte.

Der alte Westturm stand jedoch nicht an der Stelle des heutigen. Dessen Fundamente sind bei Niedrigwasser noch an einer Buhne schräg gegenüber vom Hammer Landschulheim in der Nordwestecke der Insel zu sehen. *Westturm nur für Jugendherbergsgäste zugänglich, sonst keine Innenbesichtigung möglich*

MUSEUM

Heimatmuseum Alter Leuchtturm

★ Der rot-weiße Leuchtturm nahe dem Bahnhof ist das älteste noch erhaltene Bauwerk der Insel. Er wurde 1855–1859 erbaut. Bis 1896 war er mit Petroleumlampen bestückt, dann wurde auf elektrische Bogenlampen umgestellt. Mit der Inbetriebnahme des neuen, vollelektrischen Leuchtturms im Westen Wangerooges verlor er 1969 seine Funktion für die Schiffahrt. 1972 wurde er zunächst als Aussichtsturm fürs Publikum zugänglich, seit 1980 beherbergt er das Heimatmuseum der Insel.

Im Vorgarten sind neben einigen Seezeichen u. a. die Helmstange des alten Westturms, eine Zehnzentnerbombe aus dem Zweiten Weltkrieg und eine 1929 erbaute Dampflok zu sehen, die bis 1957 für die Inselbahn im Einsatz war und in dieser Zeit auf den Inselgleisen 353 025 km zurücklegte.

Im Erdgeschoß des 39 m hohen Turms sind zahlreiche Dokumente zur Inselgeschichte zu sehen. Wer die 161 Stufen bis auf den oberen Umgang erklimmt, hat an klaren Tagen einen Blick bis zum 43 km entfernten Helgoland. *Mo–Fr 10–12 und 14.30 bis 16.30 Uhr, Bahnhofstr.*

RESTAURANTS/CAFÉS

Café Pudding

★ Der markante Rundbau am Schnittpunkt zwischen der Haupteinkaufsstraße der Insel und der Strandpromenade offeriert zu Kaffee und Kuchen, aber auch zum Mittag- und Abendessen einen großartigen Panoramablick auf Strand und Meer. *Tgl. ab 11 Uhr (Küche 12–14 und 18 bis 21 Uhr), Zedeliusstr., Tel. 04469/220, Kategorie 2*

Gerken

Gepflegtes Restaurant, auch für Feinschmecker ein guter Tip. Ein Höhepunkt des Jahres ist das Silvestermenü. *Tgl. 12–14 und 18.30 bis 22 Uhr, Strandpromenade, Tel. 04469/18 01, Kategorie 1*

Hotel Friedrich

Das gepflegte Restaurant des Hauses widmet sich erfolgreich der mediterranen Küche. Eine der Spezialitäten: mit Gänseleber gefüllte und mit Serrano-Schinken umwickelte Rinderfilets. *Tgl. ab 9 Uhr, im Winter Do Ruhetag, Zedeliusstr. 21, Tel. 04469/949 40, Kategorie 1*

Jan Seedorf

Restaurant an der Saline außerhalb des Dorfes. Friesische Spezialitäten wie Krabbenomelette, Aalsuppe und Speckpfannkuchen werden stets frisch zubereitet. *Mi–Mo 11–18 Uhr (Küche 12–14 Uhr), Straße zum Westen, Tel. 04469/387, Kategorie 1–2*

Neudeich

Gemütliches Ausflugslokal mit schöner Terrasse im Osten der Insel mit gesprächigem Wirt. Auf der Speisekarte stehen Fisch und Granat, aber auch Eisbein und Bratwurst. *Mi–Mo 11–22 Uhr (Küche 12–14 und 18–22 Uhr, kleine Nachmittagskarte), Straße zum Osten, Tel. 04469/272, Kategorie 2*

La Piazza

Italienisches Restaurant mit Pasta, aber ohne Pizza. Durchgehend warme Küche. *Tgl. 12 bis 21 Uhr, Zedeliusstr. 21, Tel. 04469/246, Kategorie 2–3*

Teestube

Restaurant, Teestube und Kneipe mit bürgerlicher Küche und einem erzählfreudigen Wirt, der auch mehrere Inselbücher schrieb. Sein besonderes Interesse gilt der Inselgeschichte. Einige Objekte seines Sammlerfleißes sind im Lokal zu sehen, andere hat er dem Heimatmuseum zur Verfügung gestellt. *Tgl. 8–14 (Küche 12–14) und 18–21 Uhr, Friedrich-August-Str. 13, Tel. 04469/256, Kategorie 2*

Up Visite

Gepflegtes Restaurant im Parkhotel, auf dessen Karte Salzwiesenlamm, Fluß- und Seefische sowie Variationen von Schal- und Krustentieren im Vordergrund stehen. *Tgl. 12–14 und 18–22 Uhr, am Dorfplatz, Tel. 04469/870 80, Kategorie 1*

EINKAUFEN

Collage Galerie

★ In der Galerie zeigt die Künstlerin Monika Pfloghöft Aquarelle und Bilder in Mischtechniken, Porzellan, Sgraffittobilder, Leporellos, Texte, Schmuck aus Porzellan und Silber – alles eigene Arbeiten. *Charlottenstr. 25*

Inselstudio

Origineller Gold- und Silberschmuck aus eigener Herstellung. *Zedeliusstr. 34*

Tiffany-Studio

Hier werden Glas und Schmuck aus aller Welt verkauft; das Tiffany-Glas kommt aus der eigenen Werkstatt. Bernsteinverkauf nach Gewicht. *Zedeliusstr. 30*

ÜBERNACHTUNG

Gästehaus Ursula Janßen

Die einfache, kinderfreundliche Pension liegt nahe dem Dorfzentrum und bietet 16 Zimmer mit und ohne Dusche/WC. *Friedrich-August-Str. 12, Tel. 04469/269, Kategorie 3*

Haus Johanna

Ganzjährig geöffnete Pension im Dorfzentrum, deren Inhaber intensiv um ihre Gäste bemüht sind. *16 Zi. und 1 Ferienwohnung, Friedrich-August-Str. 7, Tel. 04469/422, Fax 15 00, Kategorie 2*

Mühlenhof

Ferienwohnungen für 2–4 Personen in einem modernen Fachwerkhaus im Ostteil des Dorfes. Schöner Garten, Liegewiese und Ententeich. *3 Ferienwohnungen, Richthofenstr. 11, Tel. 04469/312, Kategorie 2*

Upstalsboom

Moderner Komfort in einem der ältesten Inselhotels an der zentralen Strandpromenade. Schwimmbad, Sauna, Fitneßcenter und eigene Kurabteilung. *80 Zi., Strandpromenade 21, Tel. 04469/ 87 60, Fax 87 65 11, Kategorie 1*

KUR, SPIEL UND SPORT

Kegeln

Bundeskegelbahn im Gasthaus *Strandläufer, Im Dorfgroden 9, Tel. 04469/642*

Kuren

Kurmittelhaus, Obere Strandpromenade

Meerwasser-Freizeitbad »Oase«

Das Hallenbad an der Strandpromenade wurde 1994 um ein beheiztes Freibad ergänzt. Im überdachten 25-Meter-Becken badet man bei 28 Grad Wassertemperatur. Für Freizeitspaß sorgen heiße Geysire, blubbernde Whirlpools und eine Wasserrutsche; ein Kinderplanschbecken, Sauna und Solarien ergänzen das Angebot. *Tgl. unterschiedliche Öffnungszeiten, Uferpromenade*

Reiten

Zwei Reitställe bieten ihre Dienste an und organisieren auch Kutschfahrten: *Ponyhof Wangerooge, Rösingstr. 11, Tel. 650, und Reitstall Brandt-Brandes, Richthofenstr., Tel. 04469/362, Fax 440*

Segeln

Schnupperkurse und A-Scheine. Kurse für Fortgeschrittene und Segeltörns bietet die Filiale der Segelschule Wilhelmshaven am Yachthafen. *Telefonische Auskünfte unter 04421/99 42 41*

Squash
Ein Squashcourt steht im *Tennis-Center der Kurverwaltung* zur Verfügung.

Strandsport
Von April bis Mitte Oktober lädt die Kurverwaltung im Rahmen ihres Programms »Sport – Spiel – Spaß« zur regelmäßigen Strandgymnastik, zu Lauftreffs, Volleyball- und Tischtennisturnieren sowie anderen Aktivitäten ein.

Tennis
Drei Freiplätze und zwei Hallenplätze stehen im Tennis-Center zur Verfügung; in der zweiten Julihälfte findet ein offenes Gästeturnier statt. *Tel. 04469/13 96 (für Auskünfte und Platzreservierungen), Tel. 04469/303 (für Gästeturnier)*

Tischtennis
Einige Platten stehen in einem einfachen Raum am Surfkiosk im Westteil der Strandpromenade.

Veranstaltungen
Veranstaltungen finden im *Haus des Gastes, Obere Strandpromenade,* statt oder werden dort angekündigt.

Windsurfen
Wangerooge wird zwar von vielen Surfern aufgesucht, die aber ihre Boards selbst mitbringen müssen. Es gibt keinen Brettverleih, wohl aber die Möglichkeit zum Surfunterricht. Auskunft: *Herr Engelmeier, Tel. 04469/369*

AM ABEND

Ahoi
Schlichte, auch bei Einheimischen beliebte Kellerkneipe mit Bar und maritimem Touch. *Tgl. 20–2 Uhr, an Wochenenden bis 3 Uhr, im Haus Monopol, Strandpromenade*

Diskothek/Tanzveranstaltungen
Schauplatz für Live-Musik, Tanzparties und Diskothek sind das Restaurant *Graf Luckner* und der *Kursaal.*

Kino
Nach amerikanischen Vorbildern eingerichtetes Verzehrkino im *Hotel Hanken. Mehrere Vorstellungen täglich, Zedeliusstr. 38*

Treibsand
Es ist tagsüber Café, abends Bistro und Kneipe mit kleiner Terrasse auf der Flaniermeile der Insel; Treffpunkt von jung und alt bis zum frühen Morgen. Während der Hauptsaison treten auch Live-Bands auf (Oldies). *Tgl. 10–2 Uhr, an Wochenenden bis 3 Uhr, Zedeliusstr. 32*

AUSKUNFT

Verkehrsverein Nordseeheilbad Wangerooge e. V.
Postfach 220, 26476 Wangerooge, Tel. 04469/948 80, Fax 94 88 99, www.wangerooge.com

Informationskiosk
des Verkehrsvereins mit Zimmernachweis *am Bahnhof, Zedeliusstr.*

AUSFLUGSZIELE

Angeboten werden im Sommer Tagesschiffsausflüge nach Helgoland und Spiekeroog sowie Fahrten zum Krabbenfang und zu den Seehundbänken. Außerdem gibt es Wanderungen durch Watt und Vogelschutzgebiete unter Begleitung eines erfahrenen Führers.

Die Inseln erkunden und umrunden – zu Fuß oder per Rad

Die hier beschriebenen Routen sind in der Übersichtskarte im vorderen Umschlag und im Reiseatlas ab Seite 107 grün markiert

① SPAZIERGANG AUF BALTRUM

Auf dem kleinen Baltrum braucht sich auch der Tagesausflügler nicht zu beeilen, wenn er die Insel gut kennenlernen will. Um Dorf und Insellandschaft zu erkunden, reichen 3 Stunden aus. Länge des Spaziergangs: ca. 5,5 km.

Vom Anleger geht es zunächst an der Tourist-Info vorbei zum Süderpaad. Rechter Hand steht das besuchenswerte *Nationalpark-Informationszentrum (S. 27)*. An der Post vorbei gehen Sie mit wenigen Schritten ins Ortszentrum direkt auf die *Alte Kirche (S. 26)* der Insel zu. Nach einem Blick hinein geht es auf der bescheidenen Haupteinkaufsstraße weiter zum Platz vor der Kurverwaltung; hier dann nach rechts und die nächste Straße wieder nach links hinein. Sie kommen zur *katholischen Inselkirche (S. 27)* und am Ende der Straße zum Hotel Strandburg. An dieser Stelle führt der Weg weiter durch den Deich hindurch und dann wieder südwärts zum Süderpad. Er leitet sie am *Inselfriedhof* mit sehenswerten Grabsteinen entlang und am Ostdorf vorbei. Auf dem Heller zwischen Wanderweg und Wattenmeer grasen Ponys und Pferde; Kühe gibt es auf ganz Baltrum nicht.

Kurz hinter der Kläranlage zweigt ein kleiner, gepflasterter Weg nach schräg links zum Privatgelände eines Bibelkreisheims hin ab. Hier markieren zwei grün gestrichene Pfosten den Beginn eines gepflasterten Pfades quer durch das *Baltrumer Dünental (S. 26)* zum Strand. Ein kurzer Abstecher nach links führt auf eine 19 m hohe Aussichtsdüne. Durch die Graudünen, in denen viele Hasen und Fasane leben, wandern Sie nun weiter auf die Weißdünen zu, überqueren sie und gehen am breiten Strand entlang zurück ins Dorf.

② RADTOUR AUF LANGEOOG

Die Schönheit Langeoogs erschließt sich dem Tagesbesucher bei einer Radtour in den Inselosten am besten. Nach Möglichkeit sollte man sie nicht an einem Dienstag unternehmen, da dann das einzige Aus-

flugslokal am Ziel geschlossen ist. Räder können Sie gleich in Bahnhofsnähe mieten: im Haus der Otzumer Balje (Hauptstr. 5, Tel. 04972/14 14, tgl. 10–12 und 15–18 Uhr) oder bei Fahrrad-Dirks (Lütje Pad 5a, Tel. 04972/847, Mo–Sa 9.30–12.30 und 13.30–17.30, So 10–12.30 und 15–17.30 Uhr). Länge der Strecke: ca. 25 km, Dauer: 3–5 Stunden.

Da die beiden Hauptstraßen des Inselstädtchens, die Haupt- und die Barkhausenstraße, von 10 bis 12.30 und von 16 bis 18 Uhr für Fahrräder gesperrt sind, beginnt die Tour auf Schleichwegen. Fahren Sie den Lütje Pad bis ans Ende, biegen Sie rechts in den Vormann-Otten-Weg ein, dann links in Am Wall, dann rechts in die Gartenstraße, an deren Ende links in den Polderweg und dann die erste rechts in die Willrath-Dreesen-Straße. Schon sind Sie aus dem Ort heraus, radeln an Dünen entlang, an der *Seenot-Beobachtungsstelle (S. 52)* und am Schießstand vorbei und überqueren den Seedeich. Nur geübte Mountainbiker fahren geradeaus auf dem oft feuchten Sandweg weiter, den auch die Pferdekutschen benutzen; Normalradler folgen dem Pflasterweg.

Er gabelt sich bald: Links fahren Sie später durchs Pirola-Tal in den Ort zurück, geradeaus können Sie zu Fuß über die Dünen zum Strand gehen, rechts geht die Tour weiter. Sie passieren zwei kleine Schutzhäuschen am Rande des *Großen Schlopp (S. 52)* und können dann einen Abstecher zur *Melkhörndüne (S. 52)* unternehmen. An der Jugendherberge vorbei radeln Sie weiter zum grünen Vogelwärterhäuschen, wo mehrere Bänke zur beschaulichen Rast einladen. Etwa eine Stunde nach Beginn der Tour sind Sie am Ausflugslokal *Meierei (S. 53)*. Von hier aus führt der gepflasterte Weg noch etwa 2 km weiter bis in den äußersten Osten der Insel. Er endet direkt am Strand, über den Sie nun etwa 700 m bis zu einer Aussichtsplattform gehen können. Dort können Sie durch ein fest installiertes Fernrohr die Seehundsbank betrachten und sogar Strandspaziergänger gegenüber auf Spiekeroog erkennen.

Zurück geht es auf gleichem Weg bis zur Abzweigung ins *Pirola-Tal (S. 52)*. Leichte Steigungen und Kurven vermitteln einen Hauch von Alpengefühl, während Sie zwischen den Dünen hindurch bis zur Straße Gerk-sin-Spoor radeln. Dort erwartet Sie nach einer Besichtigung des *Dünenfriedhofs (S. 50)* das Lale-Andersen–Haus *»Sonnenhof« (S. 54)* mit seinem guten Café. Zehn Minuten später sind Sie im Ortszentrum oder wieder am Bahnhof.

③ RADTOUR AUF NORDERNEY

Norderney besucht man nicht nur seiner Naturschönheiten wegen, sondern auch, um die heitere Atmosphäre des Städtchens und den Strand zu genießen. Während dieser Radtour bleibt auch für Tagesausflügler genügend Zeit für ein Sonnenbad – und hinterher für einen Stadtbummel. Die Tour beginnt an der Windmühle; den dem Hafen nächstgelegenen Fahrradverleih finden Sie in 300 m Entfernung vom Anleger (K.H. Reinke, Hafenstr. 1, Tel. 04932/13 26). Länge der Radtour: ca. 13 km, Zeitbedarf mit Pausen: ca. 3 Std.

Von der *Windmühle (S. 63)* aus fahren Sie zunächst die Mühlenstraße nordwärts und biegen dann nach rechts in die Jan-Berghaus-Straße ein. Auf dem Waldweg durchqueren Sie eine kiefernbestandene Braundünenlandschaft. Am Ende des Waldwegs bringt Sie der ausgeschilderte Wanderweg 2 auf den Zuckerpad, der Sie nun mitten durch die Dünen in ständigem Auf und Ab (Fahrrad mit Gangschaltung empfehlenswert!) an den Fuß einer Aussichtsdüne bringt. Von dort oben genießen Sie einen prächtigen Rundblick über Stadt und Insel.

Nächstes Ziel ist das Restaurant *Weiße Düne (S. 65)* am Rand des gleichnamigen Ost-Badestrandes – ein idealer Platz für ein Bad in der Nordsee oder zumindest ein Sonnenbad. Anschließend geht es auf dem Wanderweg 2, das Wasserwerk passierend, zum *Leuchtturm (S. 61, Mo geschl.)*. Vorbei am Flugplatz führt der ausgeschilderte Wanderweg 3 an einem Erlenwäldchen vorbei wieder in Richtung Westen. Kurz hinter dem Golfhotel wenden Sie sich nach links und folgen dem Wanderweg 4. Zwischen Dünen und dem Südstrandpolder führt er zurück zum Hafen und in die Stadt.

④ RUNDWANDERUNG AUF SPIEKEROOG

Diese Wanderung macht Sie mit dem Ort und dem Westteil der Insel bekannt. Auch wenn Ihnen im Rahmen eines Tagesausflugs nur wenig Zeit für die Insel zur Verfügung steht, lernen Sie so ihre ganz unterschiedlichen Seiten kennen. Ausgangspunkt ist der Hafen. Länge der Wanderung: ca. 8 km, Zeitbedarf: 2–3 Stunden.

Ein breiter Fußweg, der nach Schiffsankünften einer Karawanenstraße gleicht, führt Sie in gut fünf Minuten vom Schiff ins Zentrum des Inseldorfes. An der Apotheke zeigt Ihnen ein Thermometer die aktuelle Temperatur an. Gehen Sie hier nach rechts durch den Süderloog, kommen Sie am Restaurant *Altes Inselhaus (S. 77)* vorbei zur *Inselkirche (S. 74)* mit ihrem idyllischen Friedhof. Für die Rundtour nehmen Sie den Ausgang im Norden und gelangen in die Spiekerooger Hauptstraße, den Noorderloog. Halten Sie sich links, und biegen Sie gleich in die erste Straße nach rechts, den Noorderpad. Er bringt Sie zum Kurzentrum und dann in den Spiekerooger Dünengürtel hinein. Sie passieren einen Minigolfplatz und den alten, sechseckigen Lesepavillon und blicken über die breite, beinahe wüstenähnliche Dünenlandschaft. Vom Ort sind nur noch ein paar Ziegeldächer zu sehen.

Ein schmaler, gepflasterter Pfad führt nun zum Strand hinunter, dem Sie in Richtung Westen folgen. Schon nach wenigen Schritten haben Sie die letzten Strandkörbe hinter sich gelassen und können sich ganz dem Anblick der Nordsee und der vielen Muscheln am Strand widmen. Der Weg führt am Strand entlang und kurz hinter dem in den Dünen gelegenen Campingplatz erreichen Sie eine Schillfläche, in der sich Hunderttausende Muschelschalen mit Sand vermischt haben. Weite Bereiche sind abgesperrt, denn hier brütet eine der größten Kolonien von Küsten-

und Flußseeschwalben, die es auf den Inseln gibt.

Am *Alten Anleger (S. 74)* wenden Sie sich dann wieder landeinwärts. Ein gepflasterter Weg führt Sie entlang der Feuchtwiesen am Campingplatz und an zwei alten Seenotrettungsstationen vorbei zurück ins Dorf, wo Sie unbedingt noch ein kurzes Stück durch den *Kurpark (S. 75)* gehen sollten, bevor Sie sich dem Mittagessen oder einem Kännchen Ostfriesentee widmen.

⑤ RADTOUR AUF BORKUM

Auf dieser Radtour lernen Sie in kurzer Zeit viel von der Insel kennen und haben dennoch Zeit genug für ein paar Stunden am Strand und einen ausgiebigen Ortsbummel. Ausgangspunkt ist der Inselbahnhof, in dem Sie auch Fahrräder mieten können. Länge der Tour ca. 14 km, Zeitbedarf mit Bade- und Kaffeepausen: ca. 3 Stunden.

Am Nordende des Georg-Schütte-Platzes, an dem der Bahnhof liegt, beginnt die Tour mit einer Umrundung des *Neuen Leuchtturms (S. 33)*. Wenn Sie zur Orientierung hinaufsteigen, sehen Sie von oben auch den Weiler Ostland, die entfernteste Etappe dieser Radtour.

Vorbei am Kriegerdenkmal geht es auf der Hindenburgstraße weiter bis zum Campingplatz, dem modernsten der Ostfriesischen Inseln. Ihm gegenüber erhebt sich der ehemalige Wasserturm. Ein Wegweiser mit weißer Schrift auf grünem Grund markiert den Beginn des Wanderwegs 5, den die Borkumer »Wald- und Dünenweg« genannt haben. Ihm folgt die Tour. Schon bald schlängelt sich der nun rot gepflasterte Weg in leichtem Auf und Ab durch das feuchte Dünental der *Waterdelle (S. 34)*. Wo er auf die Straße zum Flugplatz mündet, wenden Sie sich nach links. Wenn im Sommer reger Flugverkehr herrscht, lohnt sich eine Kaffeepause auf der Terrasse des *Hotels Jägerheim,* die einen schönen Blick auf die Start- und Landebahn gewährt.

Vom Flughafen führt ein unbefestigter Weg weiter, der mit »2 Dünenweg« ausgeschildert ist. Wer mag, kann einen Abstecher zum FKK-Strand unternehmen, bevor *Ostland* erreicht ist. Dieser Weiler besteht aus drei Bauenhöfen, einem Campingplatz und zwei Cafés. »Letztes Gasthaus vor Juist«, verkündet eine Tafel neben dem östlichsten von ihnen.

Zwischen Ostland und Ostdünen hindurch geht es nun aufs Wattenmeer zu (Wegweiser »5 Wald- und Dünenweg«). Rechter Hand liegt der *Tüskendörsee (S. 33)* mit seinem reichen Vogelleben. Am Deich wenden Sie sich nach rechts und nehmen kurz darauf die Gelegenheit wahr, auf ihn hinaufzufahren. Schön ist der Blick auf die Stadt Borkum, hinter der in der Ferne große und kleine Schiffe zu erkennen sind.

Schließlich macht wieder ein Schild auf den Wald-Dünenweg aufmerksam, der sie an der Kläranlage Borkums vorbei zum Wasserturm zurückbringt. Kurz hinter dem Campingplatz biegen Sie nach links in die Richthofenstraße ein und gelangen so zum *Heimatmusem Dykhuus (S. 34)*, zum *Walzaun (S. 33)* und wieder zum Inselbahnhof.

Der Urlaub beginnt am Festland

Vor der Fahrt auf die Insel lockt Ostfriesland mit Museen und Hafenromantik

Ostfrieslands Häfen sind nicht nur Durchgangsstationen für Inselurlauber. Viele von ihnen genießen auch selbst als Ferienorte einen guten Ruf. Es lohnt sich, die Anreise zur Insel so zu planen, daß vor der Überfahrt einige Stunden Zeit bleiben, um den Festlandshafen, von dem aus man übersetzt, zu erkunden.

BENSERSIEL/ESENS

Von Bensersiel aus besteht schon seit 1843 eine regelmäßige Fährverbindung nach Langeoog. Der Hafen direkt am Wattenmeer bietet aber auch weit über 100 Yachten und einigen Krabbenkuttern Schutz.

(U/D 3–4) Bensersiel gehört zum nur 4 km entfernten Esens, der kleinsten der sieben festländischen ostfriesischen Städte (ca. 7000 Ew.). Deren Altstadt ist einen drei- bis vierstündigen Aufenthalt wert. Im Ortszentrum steht die weithin sichtbare *Kirche St. Magnus,* die mit ihren 1700 Plätzen Ostfrieslands größtes Gotteshaus ist. Der heutige Bau wurde zwar erst 1850 geweiht, verwahrt aber mehrere Kunstwerke aus älteren Vorgängerkirchen. Besonders schön ist der 1714 entstandene Altar, den ein hoher, geschnitzter Weinstock als Symbol des ewigen Lebens ziert. In Esens lange Geschichte zurück verweist der Sarkophag des adeligen Machthabers Siebeth Attena aus dem Jahr 1474, der als liegende Steinfigur auf dem Deckel des Sarkophags dargestellt ist. Im Kirchturm informiert ein kleines Museum über die Kirchengeschichte im Gebiet von Esens. Besucher dürfen in alten Kirchenbüchern stöbern. *(Kirche März–Okt. Di–Fr 10–11.30 und 14.30–16 Uhr; Turmmuseum April–Sept. So 11–12 Uhr, im Juli und Aug. auch Di und Do 15–17 Uhr).*

Ein anderer bedeutender Regent in Esens war der Junker Balthasar (Regierungszeit: 1522 bis 1540), dessen modernes *Denkmal* in der Nordostecke des Kirchplatzes zu finden ist. Er verschaffte Esens die Stadtrechte und führte auch die Reformation im Harlingerland ein, zu dem Esens gehört.

Eine bronzene *Bärenskulptur* steht in der Nordwestecke des Kirchplatzes, sie ist besonders bei Kindern sehr beliebt. Der fast lebensgroße Tanzbär, den man auch im Stadtwappen von Esens wiederfindet, war während einer Belagerung von Esens seinem Führer entkommen und auf den Kirchturm gestiegen. Als die Belagerer ihn sahen, zogen sie entmutigt ab: Eine belagerte Stadt, die anscheinend noch einen Bären durchfüttern konnte, war wohl nicht so schnell zu bezwingen.

In die heutige Zeit zurück führt das moderne *Holarium* vor der Westfassade der Kirche. Hier kann man die Wunderwelt der *Holographie* erleben und auch kleinere Objekte kaufen *(Mitte März bis Okt. tgl. 10–12 und 14–18 Uhr).* Von der Bärenskulptur sind es nur wenige Schritte zum *Rathaus* am Marktplatz. Der klassizistische Bau aus dem 18. Jh., der ursprünglich als Witwenstift für vornehme Damen diente, birgt im Ahnensaal kostbare Tapisserien mit phantastischen Natur- und Stadtlandschaften, rührend naiven Tierdarstellungen und der nicht minder beeindruckenden Darstellung eines pastoralen Schäferstündchens *(Besichtigung nur im Rahmen der von März bis Okt. donnerstags um 15 Uhr beginnenden Führung durch die Kirche St. Magnus).*

Am Marktplatz stehen noch einige weitere alte Häuser, darunter das teilweise in das 15. Jh. zurückverweisende *Mettckersche Haus (Am Markt 3).* Eine zweiteilige, 1989 errichtete und *Tidebrunnen* genannte Metallplastik auf dem Marktplatz gibt im Sommer Auskunft über den Wasserstand im Hafen von Bensersiel. Im Haus Nr. 13 in der Westerstraße hat der Textilrestaurator Detlef Lehmann, der die Tapisserien im Ahnensaal des Rathauses restaurierte, *Lehmann's Museum* eingerichtet: ein Privatmuseum voller Kunstobjekte und Kuriositäten aus aller Welt *(Di–So 14 bis 17 Uhr, im Sommer tgl. 10–17 Uhr).*

Zwei weitere Museen erwarten den Gast im Norden der Altstadt. Dort wird in einer fast 150 Jahre alten Windmühle, der *Peldemühle,* die Siedlungsgeschichte Esens' und des Harlingerlandes dokumentiert. Spektakulärstes Objekt ist ein im Watt gefundenes Frauenskelett aus der römischen Kaiserzeit, von den Einheimischen liebevoll »Bensi« getauft *(Ende März–Okt. Di–So 10–12 und 14–17 Uhr).* Sehr sehenswert ist auch das *Bernstein-Museum* in der *Herdestr. 14 (normale Ladenschlußzeiten).*

Im *August-Gottschalk-Haus (Burgstraße 8)* wird an die Juden in Esens erinnert *(April–Okt. Di, Do, So 14–17 Uhr).* In der Stadt lebten zu Beginn der Nazizeit noch 85 Mitglieder der jüdischen Gemeinde; die Hälfte von ihnen kam in Vernichtungslagern um.

Bleibt noch Zeit für einen ostfriesischen Tee in stimmungsvoller Umgebung, ist die *Stadtschkür* dafür der beste Tip *(Stadt-Schkür-Pad, beim Rathaus).* In dem liebevoll eingerichteten, 1851 als städtischer Viehstall erbauten scheunenartigen Gebäude wird Tee nicht nur serviert, sondern auch erklärt *(im Sommer tgl. 11–22 Uhr, im Winter Mi–Mo 14–18 Uhr, Tel. 04971/23 14).*

Feste: Schützenfest in Esens am 2. Wochenende im Juli. Höhepunkt am Sonntagnachmittag der große Festzug vom Markt zum Schützenplatz.

Auskunft: Kurverwaltung Esens-Bensersiel, Kirchplatz, 26427 Esens, Tel. 04971/91 51 11, Fax 49 88, www.nordsee-urlaub.de/esens

EMDEN

Emden (51 000 Ew.), Abfahrtsort der Fähren nach Borkum, ist Ostfrieslands bedeutendste Hafenstadt. Wichtigster Arbeitgeber ist das Volkswagenwerk (Werksbesichtigungen nur nach Anmeldung, Tel. 04921/86 23 90, Fax 86 37 56, Mo–Do 9.30 und 13.30 Uhr), das einen Teil seiner Produktion vom Emder Autoverladehafen aus in alle Welt verfrachtet. Die Borkum-Fähren fahren am Borkum-Kai nördlich der Stadtmitte nahe dem VW-Werk ab.

(**U/C5**) Um Emden kennenzulernen, sollte man mindestens vier bis fünf Stunden veranschlagen. Das Herz der schon im 9. Jh. auf einer Warft gegründeten Siedlung bildet das alte, *Rats-Delft* genannte Hafenbecken im Stadtzentrum. In ihm liegen drei Museumsschiffe, die besichtigt werden können. Das *Feuerschiff Deutsche Bucht,* das jetzt auch als Restaurant genutzt wird und in dessen »Trauzimmer« man standesamtlich heiraten kann, besitzt eine noch intakte Maschine und original eingerichtete Mannschaftsräume.

Auf dem *Heringslogger AE 7 Stadt Emden* erinnern Wechselausstellungen an die vergangene Zeit der deutschen Heringsfischerei *(beide April–Okt. Mo–Fr 10–13 und 15 bis 17, Sa und So 11–13 Uhr; Restaurant Mo 16.30–24, Di–Sa 11–24, So 11 bis 18 Uhr).* Der *Seenot-Rettungskreuzer »Georg Breusing«* war von 1963 bis 1988 auf Borkum stationiert und rettete in dieser Zeit 1672 Menschen das Leben *(April bis Okt. tgl. 10–13 und 15–17 Uhr).*

Am Südwestufer des Rats-Delfts steht Emdens Wahrzeichen, das 1635 erbaute *Hafentor.* Viel auffälliger ist das nach seiner Bombardierung im Zweiten Weltkrieg, in dem Emden zu 80 Prozent zerstört wurde, unter Verwendung alter Bauteile wieder errichtete *Rathaus am Delft.* Es beherbergt heute das sehr besuchenswerte *Ostfriesische Landesmuseum mit der Emder Rüstkammer.* Im Kassenraum im ersten Stock hat man die Möglichkeit, anhand eines Modells einen Blick in die ehemalige Emder Synagoge zu werfen, die 1836 erbaut worden war und 1938 in Flammen aufging. Damals lebten in der Stadt noch etwa 700 jüdische Mitbürger. In der ersten und zweiten Etage des Rathauses sind Schiffsmodelle, Gemälde und Dokumente zur ostfriesischen Geschichte sowie Zeugnisse mittelalterlicher Kunst ausgestellt. Außerdem findet man in der zweiten Etage auch eine etwa 1700–2000 Jahre alte Moorleiche. Besonders schön sind sieben

Emden: das Rathaus mit Feuerschiff am Delft

farbige Glasfenster aus dem Rathaus des 16. Jhs. Von der Eleganz einstiger ostfriesischer Teezeremonien künden fünf silberne Sahnelöffel und zwei Kluntjezangen aus der Zeit um 1800. Ein Kamin mit einer Fliesenwand aus dem 17. bis 19. Jh. zeigt die beiden Haupttypen niederländischer, bemalter Fliesen: Für die blauen diente Kobalt als Farbstoff, für die braunen Mangan.

Eine der größten deutschen Sammlungen von Ritterrüstungen und spätmittelalterlichen Waffen präsentiert die Rüstkammer im dritten Stock. Auch Hörner und Ratteln von Nachtwächtern sind ausgestellt. Schließlich sollten Sie noch den Rathausturm besteigen, der einen weiten Blick über Emden und seine Umgebung bietet *(April–Sept. tgl. 10 bis 17, Okt.–März Di–So 11–16 Uhr).*

Zwei weitere Museen stehen ganz in der Nähe. Im *Dat Otto Huus (Große Straße 1/Ecke Am Delft)* präsentiert der in Emden geborene Blödelbarde Otto Waalkes außer Ottifanten auch zahlreiche andere Objekte, Fotos aus seinen Filmen und seiner Jugendzeit *(Mo–Fr 9.30–18, Sa 9.30 bis 16 Uhr, April–Okt. zusätzlich So 10–16 Uhr).*

Auf höherem Niveau hat ein anderer Emder Bürger seine Heimatstadt 1986 mit einer eigenen Sammlung beschenkt: der ehemalige Stern-Herausgeber Henri Nannen. In der *Kunsthalle* jenseits des Stadtgrabens *(Hinter dem Rahmen 13)* ist auf 1000 m^2 in jedem Sommer eine Ausstellung von vielen bedeutenden Werken der klassischen Moderne zu sehen, insbesondere von deutschen Expressionisten. Außerdem werden in der Kunsthalle mehrmals jährlich wechselnde Ausstellungen moderner Kunst gezeigt *(Di 10–20, Mi–Fr 10–17, Sa und So 11–17 Uhr.* Während der Vorbereitung neuer Ausstellungen wird die Kunsthalle jeweils für ca. eine Woche geschlossen, *Auskunft Tel. 04921/975 00).*

Nur bei speziellem Interesse sehenswert sind einige weitere museale Einrichtungen in Emden. Im *Bunkermuseum (Holzsägerstraße),* untergebracht in einem von 31 erhaltenen Emder Bunkern, wird die Geschichte Emdens in der Zeit des Nationalsozialismus und den ersten Nachkriegsjahren lebendig *(Mai–Okt. Di–Fr 11–13 und 15–17, Sa und So 11–13 Uhr).* Im *Pelzerhaus,* einem hervorragend erhaltenen Renaissance-Bürgerhaus von 1585, finden wechselnde Kunstausstellungen statt *(Pelzerstraße 12, Di–Fr 11–13 und 14–17 Uhr).* Liebhaber alter Bücher können die *Johannes a Lasco Bibliothek in der Großen Kirche* aufsuchen. Die Sammlung wurde schon 1559 gegründet und besitzt zahlreiche wertvolle alte Bücher *(Kirchstraße 22, Di–Fr 11–18, Sa 11–13.30 und 14.30–17, So 14.30–17 Uhr, Tel. 04921/915 00).*

Feste: Matjestage mit Traditionsschiff-Treffen Anfang Mai. Stadtfest am ersten Augustwochenende. Internationales Bluesfestival Anfang November.

Auskunft: Verkehrsverein, Pavillon am Stadtgarten, 26721 Emden, Tel. 04921/974 00, Fax 974 09

HARLESIEL/CAROLINENSIEL

Harlesiel, der Fährhafen für die Insel Wangerooge, und das 2 km landeinwärts gelegene Carolinensiel gehören zur Kreisstadt Witt-

mund. Der Hafen von Harlesiel wurde erst 1953–57 angelegt und gibt sich eher nüchtern-sachlich. Carolinensiel hingegen ist einer der stimmungsvollsten Orte an der deutschen Nordseeküste. Man sollte ihm mindestens zwei bis vier Stunden widmen.

(**U/E3**) Der Hafen von Carolinensiel wurde 1729 angelegt, als sich hier holländische Siedler nieder-ließen. Im 18. Jh. fuhren die Seeleute von Carolinensiel aus auf winzigen Nußschalen bis nach China und Japan, Mittel- und Südamerika. Im 19. Jh. ging diese Ära durch das Aufkommen von immer größeren Segelschiffen und Dampfern zu Ende. Später wurde der Hafen sogar zugeschüttet. Als man ihn 1986/87 wieder erneuerte, war man bemüht, ihm sein historisches Aussehen zurückzugeben.

Heute liegen in Carolinensiel überwiegend historische Schiffe im Hafen, das Hafenbecken säumen alte Bäume und Häuser. Drei der historischen Gebäude nutzt das *Sielhafenmuseum:* In der *Alten Pastorei,* zu Beginn des 19. Jhs. als Wohn- und Lagerhaus erbaut, kann man eine Werft, die Werkstatt eines Segelmachers und die eines Schiffsschmieds besichtigen.

Im *Groot Hus,* einem 1840 errichteten Getreidespeicher, wird die Geschichte der Siele und Häfen, der Fischerei und der Handelsschiffahrt aufgerollt.

Im *Kapitänshaus* aus dem 19. Jh. wird gezeigt, wie ein Seemann lebte und welche Andenken er mitgebracht hat. Außerdem sind hier eine historische Seemannskneipe und eine Hafenapotheke wiedererstanden *(Museen Anfang März, Mitte Nov. sowie in den Weihnachtsferien tgl. 10–18 Uhr).*

Im Hafen liegen drei *Museumsschiffe,* die zur Besichtigung freigegeben sind. Zu ihnen gesellen sich zahlreiche weitere historische Schiffe, die in Privatbesitz sind. Das Bild des alten Hafenorts rundet schließlich die 1776 geweihte *Caroliner Schifferkirche* ab (gelegentlich Führungen).

Carolinensiel hat aber noch mehr zu bieten: Geht man am linken Ufer die Harle abwärts, steht da zunächst das *Puppen-Café* mit einer Sammlung schöner alter Puppen. Vorbei am Steg des Schiffsmodellclubs ist man schnell am *Café Tüdelpott,* in dem man fast wie in einem privaten Wohnhaus sitzt. Hier werden im Sommer auch Tretboote für Fahrten auf der Harle vermietet.

Dann passiert man das moderne *Haus des Gastes* mit seinem Hallensolebad und erreicht zum Abschluß die Friedrichsschleuse. Sie entstand 1765, als Friedrich der Große den Friedrichsgroden eindeichen ließ und Carolinensiel damit zum Binnenhafen machte.

Feste: Straßenfest am Hafen am ersten Augustwochenende; Samstag Feuerwerksspektakel »Hafen in Flammen«. Hafenfest mit Oldtimer-Segelschiffen.

Auskunft: Nordseebad Carolinensiel-Harlesiel, Postfach 160, 26403 Wittmund, Tel. 04464/949 30, Fax 94 93 23, www.nordsee-urlaub.de/carolinensiel, Auskunft vor Ort im Haus des Gastes

NESSMERSIEL/DORNUM

Von Neßmersiel kann man in Begleitung eines Wattführers zu Fuß in etwa 150 Minuten nach Baltrum hinüberwandern. Wattführer bie-

ten die Tour im Sommerhalbjahr täglich, im Winter gelegentlich an (Auskunft: Wattführer Martin Rieken, Tel. 04941/8260 von 18 bis 21.30 Uhr). Die meisten Urlauber jedoch, zumal die mit Gepäck, bevorzugen die Überfahrt mit der Fähre von Neßmersiel aus.

(U/C4) Neßmersiel ist unattraktiv. Der erst 1969/70 geschaffene Fähranleger liegt zudem 2 km außerhalb des Ortes. Die Wartezeit auf die Fähre verbringt man besser im idyllischen Dornum (2000 Ew.). Hier sind die Straßen fast alle noch mit dem gleichen schwarz-roten Klinker gepflastert, aus dem die meist winzig kleinen Häuser erbaut sind.

Eine Handweberei und ein Juwelieratelier in der Kirchstraße bzw. am Marktplatz laden zum Shopping ein, für eine Rast empfiehlt sich das *Burghotel Beningaburg* (Zugang vom Markt aus) in einer der einst drei Burgen des Ortes. Sie wurden alle 1514 zerstört. Ebenso wie der zweigeschossige Backsteinbau der Beningaburg entstand auch die *Norderburg* kurz darauf neu. Sie wurde dann 1698 in ein Wasserschloß umgewandelt, das heute eine Realschule beherbergt. Man betritt den weiten Vorhof mit den beiden Stallgebäuden über eine Holzbrücke, über die sich ein Turm mit geschwungenem Barockhelm erhebt. Eine von Löwen flankierte steinerne Brücke führt dann auf die von einem weiteren Wassergraben umgebene Schloßinsel. Dort ist der ehemalige Rittersaal mit Wand- und Deckenmalereien geschmückt *(Innenbesichtigung nur während der niedersächsischen Schulferien möglich)*. Auch der Schloßpark mit seinem alten Baumbestand ist sehenswert.

Nahe dem Marktplatz zeugt die wuchtig-altertümliche *St.-Bartholomäus-Kirche* mit ihrem freistehenden Glockenturm vom hohen Alter Dornums. Die Kirche wurde bereits Ende des 13. Jhs. auf einer Warf, also einem künstlich zum Schutz vor Überflutungen aufgeschütteten Erdhügel, erbaut.

Sie birgt eine üppig mit Schnitzereien verzierte Barockkanzel aus dem Jahr 1680 und eine kostbare Orgel *(April–Okt. Mo–Sa 10 bis 12 und 15–17 Uhr, So 11–12 und 15–17 Uhr)*. Nur wenige Schritte entfernt erinnert ein alter jüdischer Friedhof mit deutsch und hebräisch beschrifteten Grabsteinen aus der Zeit zwischen 1721 und 1945 daran, daß es in fast allen ostfriesischen Handelsstätten vor 1945 jüdische Gemeinden gab (samstags bitte nicht betreten). *Auskunft: Kurverwaltung, Westerstraße 3, 26533 Dornum, Tel. 04933/2077, Fax 549*

NEUHARLINGERSIEL

Neuharlingersiel ist – anders, als sein Name vermuten läßt – ein alter Fischer- und Hafenort direkt am Wattenmeer und seit 1996 auch staatlich anerkanntes Nordseeheilbad. Von hier aus fahren die Fähren nach Spiekeroog.

(U/D 3) Während das benachbarte, ebenso schöne Carolinensiel eher musealen Charakter hat, ist Neuharlingersiel äußerst lebendig. Immer noch sind hier 19 aktive Fisch- und Krabbenkutter stationiert, immer noch herrscht hier eine echte Arbeitsatmosphäre. Alle Sehenswürdigkeiten gruppieren sich um den 1693 gegründeten Hafen. Unmittelbar am Anleger der Baltrum-Fähre gewährt die *Deutsche Gesellschaft zur Rettung Schiffbrüchiger (DGzRS)* in einem Schuppen Einblicke in ihre segensreiche, nur aus privaten Spenden finanzierte Arbeit. Unter anderem ist hier ein kleines Seenotrettungsboot ausgestellt, das von 1945 bis 1973 seinen Dienst versah *(tgl. 10–11.30 und 14.30–17 Uhr).*

Hier wird noch gearbeitet: Fisch- und Krabbenkutter im Hafen von Neuharlingersiel

An der westlichen Hafenseite präsentiert ein privates *Buddelschiff-Museum* im Gebäude von Janssen's Hotel *(Westseite 7)* nicht nur Schiffsmodelle in Flaschen, sondern auch andere interessante Objekte zur Geschichte der Seefahrt *(Ostern–Okt. Mi–Mo 10–13 und 14.30–18 Uhr).*

Im Süden des Hafenbeckens gelangt man durch die Sieltore, die bei Sturmfluten geschlossen werden können, in den kleinen Park des *Sielhofs,* eines wie ein kleines Schloß wirkenden Gutshofs aus dem 18. Jh. Er beherbergt heute ein *Restaurant (nur März–Nov. geöffnet).* Bei gelegentlichen Führungen ist auch die Hauskapelle, das Jagdzimmer und eine alte Fliesenwand zu besichtigen. Der kurze Hafenrundgang, für den man nur etwa 1–2 Stunden benötigt, kann im *Café Rodenbäck* auf der Ostseite des Hafens enden, das einen herrlichen Ausblick auf Hafen und Wattenmeer bietet.

Feste: Krabbenkutterregatta Mitte Juli.

Auskunft: Kurverwaltung, 26427 Neuharlingersiel, Tel. 04974/188 12, Fax 788, www.nordsee-urlaub.de/neuharlingersiel

NORDDEICH/NORDEN

Norddeich, der Fährhafen für Norderney und Juist, gehört zur Stadt Norden (25 000 Ew.), Ostfrieslands ältester Stadt. In den ausgedehnten, modernen Hafenanlagen finden nicht nur die Fähren Platz, sondern auch viele Yachten und eine kleine Fischereiflotte. Seeleute kennen Norddeich zudem als Standort von Norddeich Radio, das bis 1998 Telekommunikationsverbindungen zu Schiffen auf allen Weltmeeren ermöglichte, bevor überall die Funktelefone Einzug hielten.

(U/C4) Man kann in Norden-Norddeich einen Tag verbringen. Auch wer eilig zur Fähre will, sollte zumindest der *Seehund-Aufzuchtstation* beim Wellenbad *(Dörper Weg)* einen Besuch abstatten. Hier werden verwaiste oder ölverschmutzte Seehunde und Robben gepflegt und auf die Rückkehr in die freie Natur vorbereitet. Die jeweiligen *Gäste* kann man durch große Scheiben ganz aus der Nähe betrachten *(tgl. 10–17 Uhr, Eintritt frei).*

Wer Buddelschiffe liebt, sollte die private *Schiffsmodellwerft Klaas Evers* besuchen *(Backersweg 2, Mitte Mai–Mitte Okt. tgl. außer So und Do 10–12 und 14.30–18 Uhr).*

Norden lohnt den Besuch ganz besonders für historisch und kunstgeschichtlich Interessierte. An einem der größten Marktplätze Norddeutschlands erhebt sich die wuchtige, zwischen dem 13. und 15. Jh. zu ihrer heutigen Größe herangewachsene *St.-Ludgeri-Kirche,* ein mächtiger romanisch-gotischer Backsteinbau mit freistehendem Glockenturm. Aus ihm erklingt seit 1992 täglich um zwei Minuten vor 9, 12, 15 und 18 Uhr ein Glockenspiel. In der Kirche selbst sind das gotische Chorgestühl von 1481, ein 9 m hohes Sakramentshaus, die mit Schnitzwerk verzierte Barockkanzel von 1712 und die vom berühmten Orgelbauer Arp Schnitger 1686 bis 1694 errichtete Orgel besonders bemerkenswert *(Mo und Sa 10–12.30, Di–Fr auch 15–17 Uhr).*

Schräg gegenüber der Kirche fallen auf der anderen Seite des Platzes die drei geschwungenen Giebel des *Drei Schwestern* genannten Renaissance-Bürgerhauses aus dem 17. Jh. auf. In die Giebel sind Teller aus Delfter Porzellan eingearbeitet.

Zwei Gebäude weiter steht die 1662 zunächst als Patrizierhaus erbaute *Mennonitenkirche* im Stil des Rokoko mit einer sehenswerten Deckenmalerei *(Am Markt 17, Mai–Sept. Sa 10–12 Uhr).*

Im 1542 eingeweihten *Alten Rathaus* am Marktplatz *(Ecke Westerstraße)* klärt das *Heimatmuseum* auf drei Etagen über die Geschichte der Stadt auf. Schöne Möbel stehen im ehemaligen Ratssaal mit seiner Holzbalkendecke. Besonders anschaulich sind die nachgebauten Werkstätten eines Schusters, eines Zinngießers und eines Blaufärbers sowie eine alte Handwerkerküche, ein Großhandelskontor und ein Kolonialwarenladen. Dem Heimatmuseum angeschlossen ist das *Ostfriesische Teemuseum.* Der Besucher erfährt hier nicht nur viel über Teeanbau und -handel, sieht nicht nur Teegeschirr aus aller Welt und sogar ein japanisches Teehaus mit Teegarten, sondern kann auch an traditionellen Teezeremonien teilnehmen *(März–Okt. Di–So 10 bis 16 Uhr. Für Teezeremonien ist telefonische Anmeldung erforderlich, Tel. 04931/121 00).*

Traditionell zubereiteter ostfriesischen Tee wird in der *Westgaster Mühle* serviert, die bei dieser Gelegenheit auch besichtigt werden kann *(Alleestraße 65, Mo–Sa 10–12.30 und 15–18 Uhr, Mahlvorführungen Juni–Sept. Do 15 bis 18 Uhr).*

Über 700 verschiedene Muschelschalen und Schneckengehäuse sind im *Muschel- und Schneckenmuseum* in der Frisia-Mühle zu sehen *(In der Gnurre 40, Museum Ostern bis Herbstferien Mi 15–17 Uhr).*

Das *Schöninghsche Haus von 1576 (Osterstraße 5)* mit seinem reich geschmückten Staffelgiebel, gilt als eins der schönsten Renaissance-Patrizierhäuser Norddeutschlands.

Feste: Straßenfest in der Westerstraße am ersten Wochenende im Mai; Stadtfest in der Innenstadt von Norden am letzten Freitag und Samstag im August.

Auskunft: Kurverwaltung, Dörper Weg, 26506 Norden-Norddeich, Tel. 04931/986 02, Fax 98 62 90

Von Auskunft bis Zimmersuche

Hier finden Sie kurzgefaßt die wichtigsten Adressen und Informationen für Ihre Reise auf die Inseln

AUSKUNFT

Ausführliche Informationen über die einzelnen Inseln erhält man nur von den jeweiligen Kurverwaltungen. Allgemeine Prospekte über die Inseln verschickt auch:

Werbegemeinschaft Nordsee – 7 Inseln – 1 Küste
Olympiastr. 1, Geb. 3, 26419 Schortens-Roffhausen, Tel. 01805/20 20 96 für Prospektanforderungen, sonst Tel. 04421/97 89 23, Fax 97 89 40

ANGELN

Das Angeln in den Küstengewässern ist frei. Auf allen Inseln werden Ausflugsfahrten zum *Dorsch- und Makrelenfang* angeboten. Gelegentlich können Urlauber auch zum *Krabbenfang* mitfahren, den Granat dann gleich an Bord kochen und verzehren.

BADEVERBOTE

Aus Sicherheitsgründen sollte man nur an den offiziellen, bewachten Stränden ins Wasser gehen und sich an die dort festgesetzten Badezeiten halten. Auch während der Badezeiten kann die Nordsee gefährlich sein. Wird an den Stränden ein roter Warnball aufgezogen, bedeutet das ein Badeverbot für Kinder und Nichtschwimmer. Zwei hochgezogene Warnbälle verkünden ein allgemeines Badeverbot.

BANKEN

Banken, Bargeldautomaten und Postämter sind auf allen Inseln vorhanden.

BEHINDERTE

In bezug auf Behindertenfreundlichkeit sind die Ostfriesischen Inseln ebenso entwicklungsbedürftig wie das deutsche Festland. Öffentliche Behindertentoiletten sind selten; behindertengerechte Unterkünfte muß man sich mühsam aus den Prospekten heraussuchen. Keine Insel gibt spezielle Führer für Behinderte heraus.

BOLLERWAGEN

Hölzerne Wagen, in denen kleinere Kinder über befestigte Wege gezogen werden können, werden auf allen Inseln stunden- und tageweise verliehen.

CAMPING

Campingplätze gibt es auf Baltrum, Borkum, Norderney, Langeoog, Spiekeroog, Wangerooge.

In die ADAC-Bestenliste des Jahres 1998 aufgenommen wurde nur der Platz *Insel-Camping* auf Borkum; die Plätze auf Norderney haben nur eine durchschnittliche Sanitärausstattung; der Campingplatz auf Spiekeroog wird vom ADAC sogar als bescheiden klassifiziert.

Der Campingplatz auf Langeoog gehört zur Jugendherberge und ist nur für Jugendliche zugelassen.

Eine Stellplatz-Reservierung ist für alle Plätze erforderlich:
Baltrum, Tel. 04939/91 40 03, Fax 91 40 05;
Borkum, Tel. 04922/10 88;
Norderney, Tel. 04932/448 und 23 96, Fax 478;
Langeoog, Tel. 04972/276
Spiekeroog, Tel. 04976/288;
Wangerooge, Tel. 04969/601

EINTRITTSGELDER

Für den Besuch von Museen, Aquarien, Leuchttürmen und anderen Sehenswürdigkeiten wird oft ein Eintrittsgeld erhoben, das meistens zwischen einer und drei Mark pro Erwachsenen liegt. Ausnahmen, bei denen das Ticket teurer oder der Eintritt frei ist, werden bei den jeweiligen Inselbeschreibungen erwähnt.

FÄHRVERKEHR

Touristische Informationen über die Fährhäfen finden Sie auf den Seiten 92–99, über die Anbindung an Bahnen und Busse auf der vorderen Umschlagklappe.

Alle Fährverbindungen sind im Kursbuch der Deutschen Bahn unter den Nummern 100 00 bis 100 07 veröffentlicht. Telefonnummern der Reedereien (in Klammern die jeweilige Dauer der Überfahrt): *Baltrum von Neßmersiel: Tel. 04939/913 00 (30 Min.); Borkum von Emden: Tel. 04921/89 07 22 (per Katamaran 1 Std., per Autofähre 2 Std.); Juist*

Ein restauriertes Badehäuschen am Borkumer Nordstrand

von Norddeich-Mole: Tel. 04931/98 71 24 (75 Min.); Langeoog von Bensersiel: Tel. 04971/25 01 (30 Min.); Norderney von Norddeich-Mole: Tel. 04931/98 71 24 (50 Min.) Spiekeroog von Neuharlingersiel: Tel. 04974/214 (50 Min.); Wangerooge von Harlesiel: Tel. 04464/94 94 11 (45 Min.)

FKK

Offizielle FKK-Badestrände gibt es nur auf Borkum und Norderney, doch kann man sich außerhalb der offiziellen Badestrände auch auf allen anderen Inseln problemlos ohne Hüllen zeigen. Nacktbadezeiten in den Hallenbädern gibt es nicht.

HUNDESTRÄNDE

Hunde sind im allgemeinen an der Leine zu führen. Auf allen Inseln gibt es jedoch ausgewiesene Hundestrände. Tüten zur Entsorgung des Hundekots sind entweder aus Automaten oder bei den Kurverwaltungen erhältlich.

INTERNET

Zugriff auf die Homepage aller sieben Inseln gewährt die Adresse: *www.ostfriesische-inseln.de*

JUGENDHERBERGEN

Jugendherbergen stehen auf allen Inseln außer auf Baltrum; auf Norderney gibt es zudem einen Jugendzeltplatz (gleiche Tel.-Nr.)
Borkum, Tel. 04922/579;
Juist, Tel. 04935/10 94;
Langeoog, Tel. 04972/276;
Norderney, Tel. 04932/25 74;
Spiekeroog, Tel. 04976/329;
Wangerooge, Tel. 04469/439.
Eine Voranmeldung und gültiger Ausweis sind für alle Jugendherbergen unerläßlich.

KIRCHEN

Auf allen Inseln gibt es zumindest je eine evangelische und römisch-katholische Kirche. Meist werden ökumenische Gottesdienste gehalten.

KUREN

Alle Ostfriesischen Inseln sind staatlich anerkannte Nordsee-Heilbäder. Indikationen sind Erkrankungen der Atemwege, Herz- und Kreislauferkrankungen, Allergien, rheumatische Erkrankungen, Hormon- und Stoffwechselstörungen, chronische Hautleiden – und Erkrankungen und Entwicklungsstörungen bei Kindern. Eine *Badekur* kann vor Antritt bei den Kostenträgern (Krankenkasse, Sozialversicherung) beantragt werden.

KURTAXE

Alle Inseln außer Baltrum und Spiekeroog erheben von ihren Gästen ganzjährig einen Kurbeitrag; auf Baltrum und Spiekeroog wird er nur zwischen April und Oktober fällig. Je nach Saison ist er unterschiedlich hoch. (Preisbeispiel Borkum: *15. Mai bis 30. Sept. Erwachsene 5 Mark/Tag, 1. Kind (6 bis 17 J.) 1,30 Mark, 2. Kind 0,50 Mark, ab 3. Kind frei. Übriges Jahr Erwachsene 2,70 Mark, 1. Kind 0,50 Mark, ab 2. Kind frei.)* Als Gegenleistung erhält der Gast eine Kurkarte, die ihn zur kostenlosen Benutzung einiger Einrichtungen wie Lesehalle oder Strand berechtigt sowie zu ermäßigten

Eintrittskarten für Hallenbäder, Museen und Veranstaltungen der Kurverwaltungen.

LITERATURTIPS

Theodor Fontane hat sich in seinen »Tagebüchern« über Norderney geäußert, Heinrich Heine im zweiten Teil seiner »Reisebilder«. Ein Kriminalroman, der auf Baltrum spielt, ist »Das Dünengrab« von Theodor J. Reisdorf (erschienen als Taschenbuch bei Bastei-Lübbe).

MEDIZINISCHE VERSORGUNG

Die medizinische Versorgung ist auf allen Inseln gut; in Notfällen werden Patienten per Hubschrauber aufs Festland gebracht. Auf Baltrum und Spiekeroog fehlt allerdings ein Zahnarzt.

MÜLL

Auf den Ostfriesischen Inseln wird der Müll schon nach Umweltgesichtspunkten gesammelt. Auch die Urlauber sind aufgefordert, Glas, Papier, Grüne-Punkt-Abfälle und Kompost getrennt zu sammeln. Die Inselverwaltungen bitten zudem, keinen Abfall mit auf die Insel zu bringen – also keine Getränkedosen, Einwegflaschen, Plastiktüten etc. Sie müßten ja wieder auf Kosten der Insel aufs Festland zurückgeschafft werden.

NOTRUFE

Polizei Tel. 110
Feuerwehr Tel. 112

POST UND TELEFON

Postämter und zahlreiche Telefonzellen sind auf allen Inseln vorhanden. Die Postlaufzeit ist naturgemäß von den Fähren und damit von der Tide abhängig, so daß Karten und Briefe meist erst zwei Tage nach Aufgabe beim Empfänger eintreffen.

RADFAHREN

Fahrräder können auf allen Inseln außer auf Baltrum und Spiekeroog gemietet werden. Auf diesen beiden Inseln sind sogar private, mitgebrachte Gästefahrräder unerwünscht.

Auch die Salzwiesen auf Spiekeroog gehören zum Nationalpark

REISEZEIT

Die Ostfriesischen Inseln sind zu jeder Jahreszeit ein attraktives Reiseziel. Zwischen Ende Oktober und dem Beginn der Osterferien ist jedoch ein Teil der Hotels und Pensionen geschlossen; auch Restaurants und andere Lokale machen dann Betriebsferien. Sogar die Meerwasser-Hallenbäder schließen wegen notwendiger Renovierungsarbeiten zumindest für einige Winterwochen.

RUNDFLÜGE

Inselrundflüge werden auf allen Inseln mit Flugplatz angeboten.

STRANDKÖRBE UND -ZELTE

Strandkörbe oder -zelte können auf allen Inseln gemietet werden. Außer für Juist sind auch schriftliche Vorbestellungen möglich, die allerdings bis Ende April oder Mai erfolgt sein müssen.

TIDENKALENDER

Der Kalender, der die Hoch- und Niedrigwasserzeiten für jeden Tag des Jahres nennt, ist auf den Inseln ebenso wichtig wie die Bahnhofs- oder Kirchturmuhr. Man erhält ihn entweder kostenlos oder gegen eine kleine Gebühr in den Kurverwaltungen.

WASSERQUALITÄT

Solange man das Nordseewasser nicht trinkt, ist ein Bad in ihm durchaus ungefährlich, doch sollten Sie bei Hautallergien achtsam sein. Aktuelle Berichte über die Wasserqualität hängen bei den Kurverwaltungen aus.

WATTWANDERUNGEN

Wattwanderungen mit amtlich zugelassenen Führern werden während des Sommerhalbjahres auf allen Inseln angeboten. Das Watt ohne Führer zu durchqueren ist aus Gründen des Naturschutzes verboten und für Unerfahrene auch viel zu gefährlich. Die Wattführer geben naturkundliche Erklärungen und wissen so manche Döntjes zu erzählen. Es gibt auch spezielle Wattführungen für Familien mit kleinen Kindern.

WETTERVORHERSAGEN

Wetterberichte und Angaben zur Wassertemperatur hängen täglich bei den Kurverwaltungen aus.

ZEITUNGEN

Auf den Inseln sind alle Zeitschriften sowie überregionale Tageszeitungen erhältlich. Stark vertreten sind auch die nordwestdeutsche Presse sowie Tageszeitungen aus dem Rheinland und dem Ruhrgebiet. Norderney hat sogar eine eigene Tageszeitung. Auf den Inseln mit tidenabhängigem Fährverkehr treffen die aktuellen Tageszeitungen allerdings manchmal erst nachmittags ein; damit man sie doch noch am selben Tag lesen kann, ist der Beginn der Verkaufszeit dann meist auf Kreidetafeln notiert.

Eine große Auswahl an Tages- und Wochenzeitungen liegt in den Lesesälen der Kurverwaltungen; Illustrierte und Magazine sind dort allerdings nur noch selten zu finden, weil sie zu häufig gestohlen wurden.

ZIMMERSUCHE

Die Kurverwaltungen vermitteln keine Zimmer. Der Interessent nimmt das von ihnen herausgegebene Unterkunftsverzeichnis zu Hilfe und wendet sich an Vermieter oder Hotels direkt.

Wer Schwierigkeiten hat, eine Unterkunft zu finden, kann der Kurverwaltung oder dem Verkehrsbüro seine Wünsche mitteilen. Sie veröffentlichen dann die Kundenanfrage; interessierte Vermieter melden sich direkt beim Kunden.

Wer ohne Reservierung auf eine der Inseln kommt, kann sich von den jeweiligen Kurverwaltungen oder Verkehrsbüros freie Unterkünfte nennen lassen. Auf mehreren Inseln sind auch schon Informationssysteme installiert, die auch außerhalb der Geschäftszeiten freie Quartiere nennen. Das System erfaßt aber nicht alle Vermieter, sondern meist nur die größeren und teureren Hotels. Ohne Reservierung anzureisen empfiehlt sich daher nur bei einem Kurzurlaub außerhalb der Hochsaison.

WETTER AUF BORKUM

Die monatlichen Durchschnittswerte im Überblick

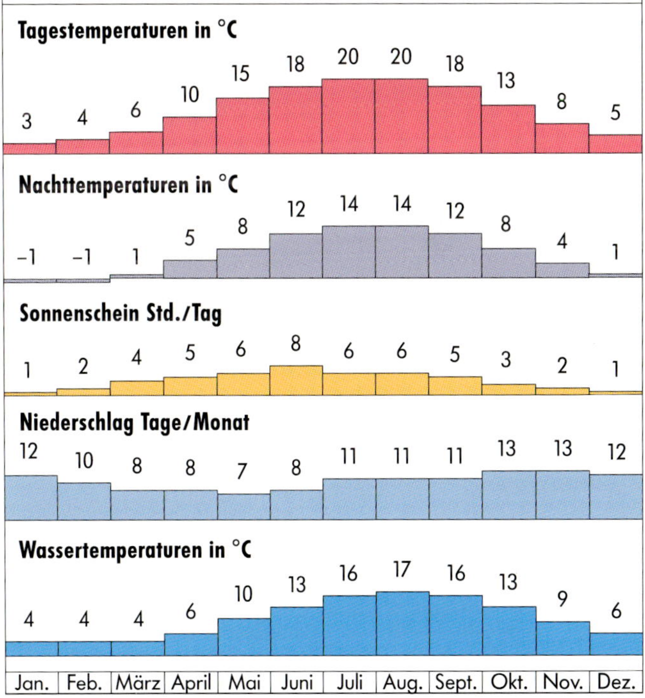

Bloß nicht!

Tips, die der Natur helfen und Sie vor negativen Erfahrungen auf den Inseln bewahren

Dünenschutz
Die Dünen sind für die Insulaner lebensnotwendig. Sie bilden eine Art natürlichen Deich, solange ihre Pflanzendecke intakt ist. Es ist deswegen streng verboten, die Dünen abseits der ausgewiesenen Wege zu betreten. In den Dünen sollte der Brandgefahr wegen auch auf das Rauchen verzichtet werden.

Möwen füttern
Möwen machen vielen anderen Vögeln den Lebensraum streitig und gefährden ihre Brut. Man sollte nicht noch durch Füttern zu ihrer Vermehrung beitragen.

Nationalpark
Auf allen Inseln sind von der Nationalparkverwaltung drei Zonen unterschiedlicher Schutzintensität ausgewiesen. Die Ruhezone darf das ganze Jahr über nur auf den ausgewiesenen Wegen betreten werden. Für die Zwischenzone gilt diese Vorschrift meistens von April bis Juli; örtliche Behörden können weitere Verbote aussprechen. Hunde müssen in diesen Zonen grundsätzlich an der Leine geführt werden. Pflanzen zu pflücken ist im gesamten Nationalpark verboten. Die Natur hat überall Vorrang vor dem Menschen; nur in der Erholungszone, die normalerweise die Orte und Badestrände umfaßt, wird rein touristischen Interessen stärker Rechnung getragen.

Preisvergleiche
Preisvergleiche lohnen sich auch auf den Inseln. Das gilt nicht nur für Lebensmittel, sondern auch für Souvenirs, bei denen Preisunterschiede bis zu 25 Prozent feststellbar sind.

Seehunde
Von Seehunden sollte man generell mindestes 500 m Abstand halten. Manchmal findet man einen scheinbar von den Eltern verlassenen oder kranken Heuler am Strand. Man sollte ihn auf keinen Fall berühren, sondern die Kurverwaltung oder einen Vertreter des Nationalparks informieren.

Zeitplanung
Wer mit dem Auto anreist, sollte nicht erst in letzter Minute am Hafen ankommen, sondern besser eine Stunde vor der Abfahrtszeit der Fähre. Man braucht Zeit, um zunächst das Gepäck am Schiff zu verladen, zum Parkplatz zurück- und wieder zum Hafen zu fahren.

Reiseatlas Ostfriesische Inseln

Die Seiteneinteilung für den Reiseatlas finden Sie auf dem hinteren Umschlag dieses Reiseführers

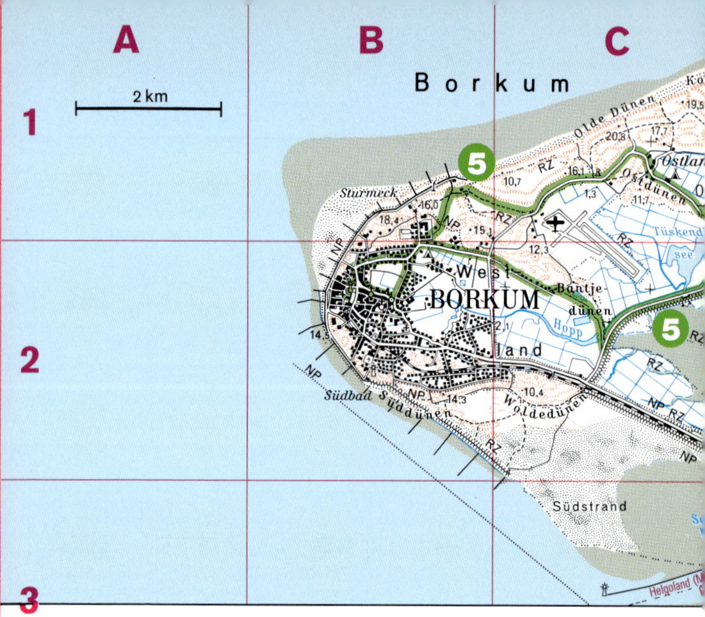
A
B
C
1
2
3
2 km
Borkum
Olde Dünen
Ostland
Ostdünen
Tüskendörsee
Sturmeck
West
BORKUM
land
Bantjedünen
Hopp
Südbad
Süddünen
Woldedünen
Südstrand
Helgoland
RZ
NP
5
5
19,5
17,7
20,8
16,1
10,7
16,0
18,4
15,1
1,3
11,7
12,3
2,1
14,5
14,3
10,4
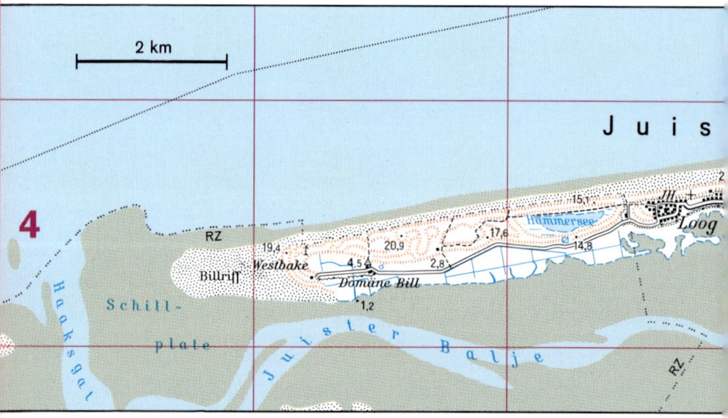
2 km
Juis
4
RZ
19,4
20,9
17,6
15,1
Hammersee
JH
Loog
Billriff
Westbake
4,5
2,8
14,8
Domäne Bill
1,2
Schill-
plate
Haaksgat
Juister Balje
RZ
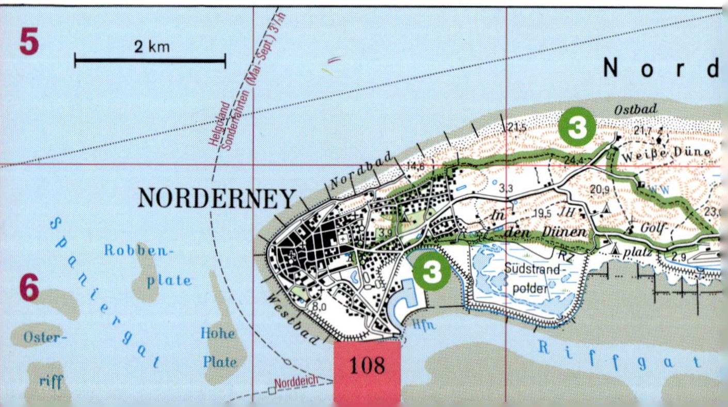
5
6
2 km
Nord
Helgoland Sonderfahrten (Mai-Sept.) 3½ h
Ostbad
3
21,5
21,7
Weiße Düne
24,4
Nordbad
14,8
NORDERNEY
3,3
20,9
In den Dünen
19,5
JH
Golf-
platz
3,9
RZ
2,9
23,6
3
Südstrand-
polder
Westbad
8,0
Hfn
Spaniergat
Robben-
plate
Oster-
riff
Hohe
Plate
Norddeich
Riffgat

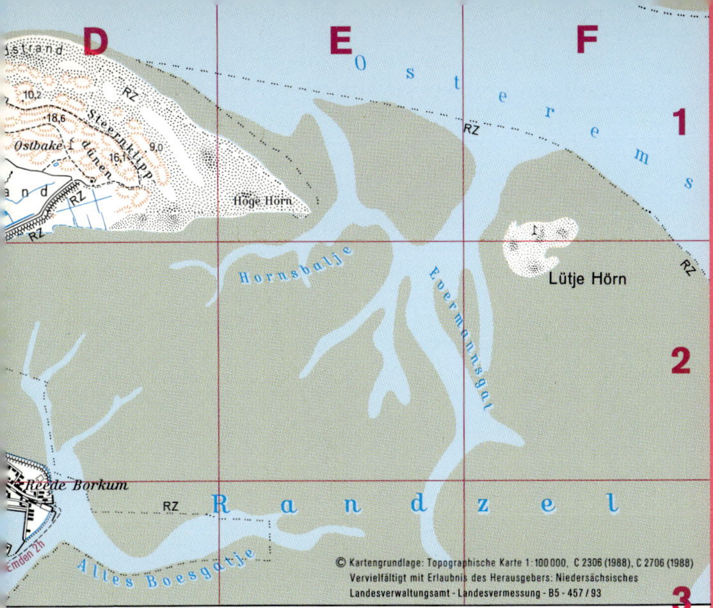
D
E
F
1
2
3
Steernklipp dünen
Ostbake
Hoge Hörn
Osterems
Lütje Hörn
Hornsbalje
Evermannsgat
Reede Borkum
Randzel
Altes Boesgatje
Emden 2h
RZ

Oster-
riff
Hohe
Plate
Badestrand
Wilhelmshöhe
Flug-
hafen
Ostbake
Kalfamer
Juist
Hfn
Kalfamergat
Busetief
Norddeich 1 1/2h
4
RZ

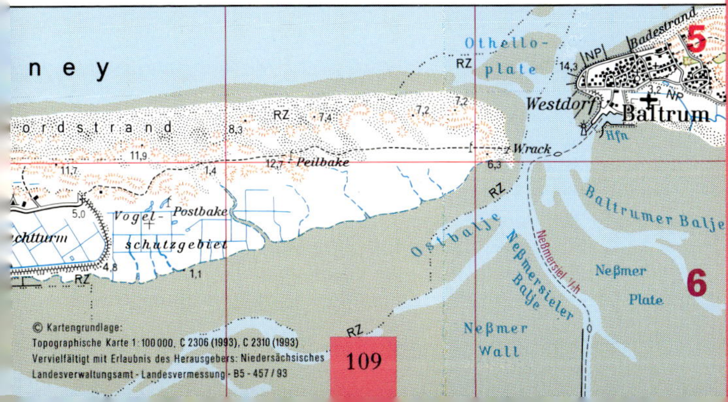
ney
Nordstrand
Peilbake
Wrack
Othello-
plate
Badestrand
Westdorf
Baltrum
Hfn
NP
Postbake
Vogel-
schutzgebiet
Ostbalje
Neßmersieler Balje
Neßmersiel 1/2h
Baltrumer Balje
Neßmer
Plate
Neßmer
Wall
5
6
RZ

A
B
C
1
2
3
2 km
NP
Baltrum
Badestrand
Ostdorf
Westdorf
Baltrum
Osterhook
Hfn
Wichter Ee
Accumer Ee
Helgoland, Sonderfahrten (Mai–Sept.) 2¹/₂h
Baltrumer Balje
Neßmersiel 1¹/₂h
Neßmersieler Balje
Neßmer Plate
Steinplate
Dornumer Nacken
Accumersieler Balje
RZ
Badestrand
Flinthörn
14,3
17,1
2,6
13,2
13,9
7,1
19,3
2,5
5,3
3,2
17,9
14,5
8,3
12,2
2,5

4
5
6
2 km
NP
Helgoland, Sonderfahrten (Mai–
Spiekeroog
Badestrand
Weiße Dünen
Sturmeck
Spiekeroog
Hafen
Schule
Ostplate
Ostbak
Rettungsstation
Alter Anleger
Süderdünen
Helgoland, Sonderfahrten (Mai–Sept.) 2¹/₂h
Schillbalje
Neuharlingersiel
Swinn
Swinnplate
Hohe Ban
RZ
JH
KD
24,1
18,0
18,2
11,5
16,2
3,5
7,6
3,9
3,0
6,8
5,9
7,8

D
E
F
1
2
3
NP
Langeoog
Süderriff
Dreebargen
Meierei Ostende
großer Schlopp
kleiner Schlopp
JH
Osterhook
Hullbalje
Dollart
Langeooger Plate
Roggsand
Ruteplate
Stüberlegde
Rute
Bensersiel
Hungatplate
RZ
20,5
19,5
21,2
13,6
18,0
12,0
5,0
14,0
2,3
3,0
6,5

4
5
6
Wangerooge
Badestrand
Saline
Westen
JH
Wangerooge
Neudeich
Strandbake
Dove Harle
Harle
NP
Telegraphenbalje
Hoher Rücken
Martensplate
Breite Legde
Carolinensieler Balje
Südersand
Langer Jan
RZ
15,4
17,5
18,5
8,4
2,8
11,0
16,2
13,6
6,5
15,6
3,0

Norderney
150 m
A
B
C
1
2
3
4
5
6
Strandpromenade
Georgshöhe
Kurklinik Norderney LVA Westfalen
Minigolf
Kaiserwiese
Milchbar
WC
4,9
Seebadeanstaltmuseum (Projekt)
Marienhöhe
Kurliegehalle
Kaiser-str.
Moltke-str.
Lucius-str.
Knyphausen-str.
Polizei
Onnen-Visser-Platz
Beneke-str.
Kath. Sommerkirche Stella Maris
Kaiser-Wilhelm-Denkm.
Kath. Kirche St. Ludgerus
Friedrich-str.
Damen-pfad
Rathaus
Postamt
Jann-Berghaus-Str.
Ev.-Luth. Inselkirche
Martin-Luther-Haus
Zeugen Jehowas
Haus der Insel
Kurtheater
Zentral-café
Kurkarten-ausgabe
Kur-café
Meerwasser wellenbad „Die Welle"
Kurhaus u. Spielbank
Kurverwaltung
Kurmittelhaus
Kurhotel
Nordseeklinik Norderney
Verkehrsbüro Zimmerverm.
Ev. Gemeindehaus
Maybach-str.
Rosen-weg
Janus-str.
Winter-str.
Bülow-allee
Marien-str.
Hafen-str.
Weststrand-str.
Brunnen-str.
TAXI
„Haus Schiffahrt" Deutsche Bahn Reederei Norden Frisia
Neuapostolische Kirche
Rettungsbootmuseum „Fürst Bismarck"
Fischerhaus Heimatmuseum
Argonner Wäldchen
Umkleidehalle strand
Meerwasser Wellenfreibad
Weststrand
West-Badestrand
Bade- und Korb-strand
Zone III
4,1
NORDSEE

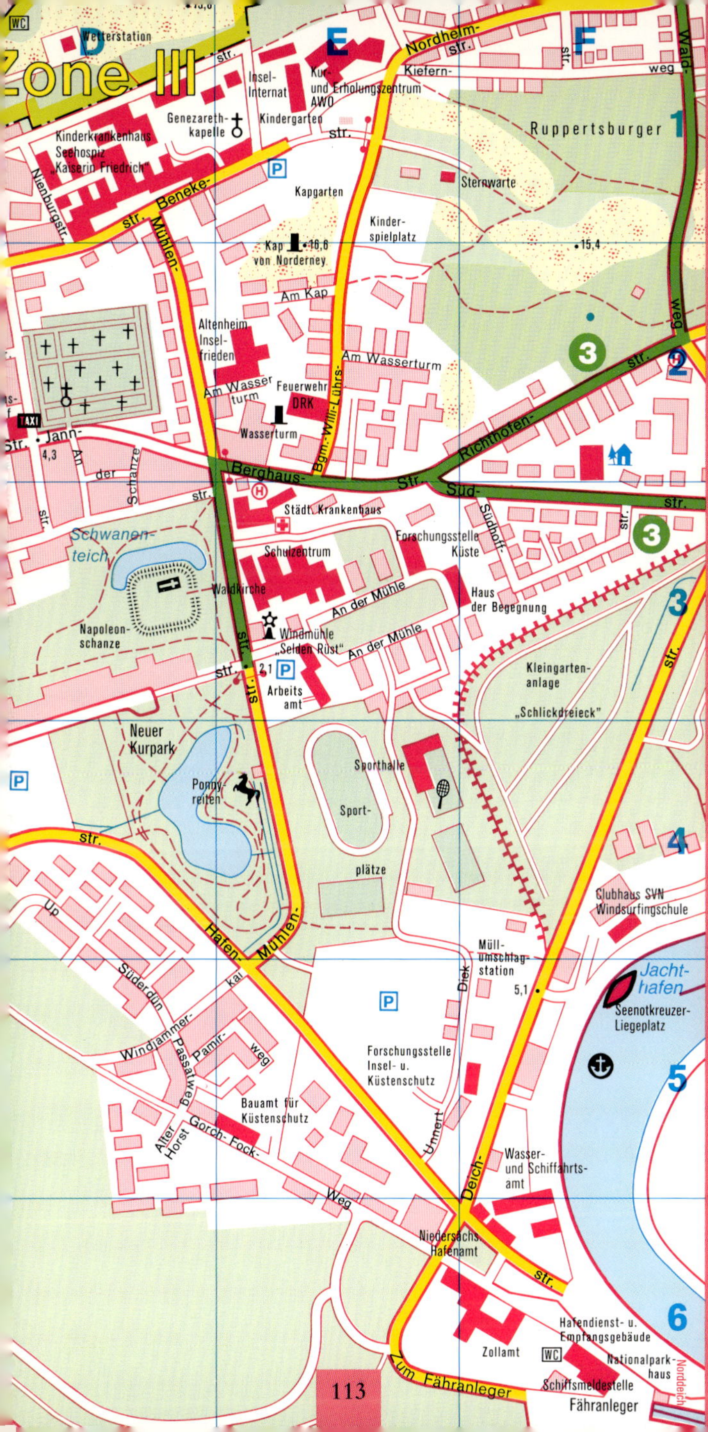

WC
Wetterstation
D
E
F
Zone III
Insel-
Internat
Kur-
und Erholungszentrum
AWO
Nordheim-
str.
Kiefern-
weg
str.
Wald-
Genezareth-
kapelle
Kindergarten
str.
Kinderkrankenhaus
Seehospiz
„Kaiserin Friedrich"
Ruppertsburger
1
P
Kapgarten
Sternwarte
Nienburgstr.
Beneke-
str.
Mühlen-
Kinder-
spielplatz
Kap 16,6
von Norderney
15,4
Am Kap
weg
Altenheim
Insel-
frieden
Am Wasserturm
3
str.
2
Am Wasser
turm
Feuerwehr
DRK
Bgm.-Willi-Lührs-
Richthofen-
TAXI
Jann-
Wasserturm
str.
4,3
An
der
Schanze
Berghaus-
Str.
Süd-
str.
str.
str.
Städt. Krankenhaus
Südhoff-
str.
3
Schwanen-
teich
Forschungsstelle
Küste
Schulzentrum
Waldkirche
Haus
der Begegnung
An der Mühle
3
Napoleon-
schanze
Windmühle
„Selden Rüst"
An der Mühle
str.
Kleingarten-
anlage
str.
2,1
P
Arbeits
amt
„Schlickdreieck"
Neuer
Kurpark
Sporthalle
P
Ponny-
reiten
Sport-
str.
4
plätze
Clubhaus SVN
Windsurfingschule
Up
Hafen-
Mühlen-
Müll-
umschlag-
station
Jacht-
hafen
Süderdün
kai
Dick
5,1
Seenotkreuzer-
Liegeplatz
P
Windjammer-
Passatweg
Pamir-
weg
Forschungsstelle
Insel- u.
Küstenschutz
5
Bauamt für
Küstenschutz
Alter
Horst
Gorch-Fock-
Unnert
Wasser-
und Schiffahrts-
amt
Weg
Deich-
Niedersächs.
Hafenamt
str.
6
Hafendienst- u.
Empfangsgebäude
Zollamt
WC
Nationalpark-
haus
Norddeich
Zum Fähranleger
Schiffsmeldestelle
Fähranleger

LEGENDE REISEATLAS

Wanderweg, im Nationalpark mit grünen Pflöcken markiert.

Die Wanderwege am Sandstrand verlaufen je nach Wasserstand am Spülsaum.

Reitweg, im Nationalpark mit roten Pflöcken markiert.

Gasthof bzw. Hotel (im Ortsbereich nur im Stadtplan)

Cafè, Restaurant, Imbiß (Auswahl)

Schöner Ausblick, Rundblick

Krankenhaus,Unfallstation

Museum

Jugendherberge

Campingplatz

Hallenbad

Schwimmbad geheizt

Freibademöglichkeit

Golfplatz, Minigolf

Tennisplatz

Sportplatz

Segelfluggelände

Reitstall

Fahrradverleih

Das Gemeindegebiet ist innerhalb dieser Zone für Kraftfahrzeuge aller Art gesperrt. Zum Be- und Entladen ist die Anfahrt erlaubt. Danach bringen Sie bitte Ihr Fahrzeug auf einen der Parkplätze.

Parkplätze

Grenze des Nationalparks

Zone I (Ruhezone), Betreten auf den zugelassenen gekennzeichneten Wegen

Zone II (Zwischenzone), ganzjährig allgemein betretensfrei

Zone III (Erholungszone), allgemein frei zu betreten

Hauptstraße

Fußgängerbereich

Nebenstraße

Fahrweg

Karrenweg

Fußweg

Nicht befahrbarer/ befahrbarer Damm

Omnibushaltestelle

Autofähre

Personenfähre

Schiffahrtslinie mit Anlegestelle

Hafen, Ankerplatz

Öffentliches Gebäude

Bebaute Fläche

Kirche

Kapelle

Wegkreuz, Denkmal

Leuchtturm, Leuchtfeuer

Aussichtsturm

Funk- bzw. Fernsehturm

Quelle, Brunnen

14,8 Höhenpunkt

Buhne, Mole

Landungsbrücken

Küstenlinie

Veränderliche Küstenlinie

Düne

Meer, See

Watt

In diesem Register sind alle in diesem Führer erwähnten Orte, Sehenswürdigkeiten und Ausflugsziele verzeichnet. Halbfette Seitenzahlen verweisen auf den Haupteintrag, kursive auf ein Foto.

Was bekomme ich für mein Geld?

Die Kosten für einen Inselurlaub setzen sich aus vielen Einzelposten zusammen. Wer mit dem eigenen Wagen anreist, muß zunächst einmal für den Parkplatz oder die Garage auf dem Festland bezahlen. Die Gebühren liegen zwischen 5 und 6 Mark/Tag für einen Stellplatz unter freiem Himmel. Für die Rückfahrkarte nach Borkum oder Wangerooge zahlt man dann beispielsweise 47 bzw. 46, nach Spiekeroog 35, nach Norderney 22,50 Mark. Tagesausflügler kommen billiger auf die Inseln und zahlen beispielsweise nach Spiekeroog nur 28, nach Wangerooge 29 Mark. Aufgegebene Gepäckstücke kosten pro Fahrt 2,50 bis 5,50 Mark.

Fliegen ist teuer. Der Luftsprung von Harle nach Wangerooge und zurück kostet beispielsweise 93 Mark. Ein zehnminütiger Inselrundflug über Borkum wird mit 135 Mark für drei Personen berechnet.

Kurtaxe wird auf allen Inseln erhoben. In der Hauptsaison zahlen Erwachsene 4,20 bis 5 Mark pro Tag, Kinder unter 18 Jahren 1,30 bis 1,90 Mark/Tag. In der Nebensaison werden 1,50 bis 3,20 Mark für Erwachsene und 0,50 bis 1,50 Mark für Kinder und Jugendliche fällig. Für einen Strandkorb zahlt man auf Wangerooge 63, auf Baltrum 84 Mark/Woche, auf Borkum für ein Strandzelt 49 Mark/Woche. Wer Kurmittel in Anspruch nehmen will, muß z. B. für eine Großmassage auf Borkum 22,15 und auf Juist 27 Mark einplanen, für eine Meerwasser-Inhalation etwa 12 Mark. Ein Besuch im Meerwasser-Hallenbad schlägt für Erwachsene auf Borkum mit 8, auf Langeoog mit 8,50 Mark zu Buche. Kombiniert man das Bad mit einem Saunabesuch, zahlt man dafür auf Norderney 18 Mark.

Einen Tennisplatz zu mieten kostet zwischen 20 und 30 Mark/Stunde. Fahrräder mietet man für 7 bis 15 Mark/Tag, auf Wangerooge für 6 bis 7 Mark. Bollerwagen für etwa 6 Mark/Tag oder 25 Mark/Woche. Für die Teilnahme an einer Wattwanderung oder eine Bootsfahrt zu den Seehundebänken zahlt man etwa 10 Mark. Ein Tagesausflug nach Helgoland kostet ab Langeoog 40 Mark. Für die Zusendung des Unterkunftsverzeichnisses erbitten einige Kurverwaltungen 4 bis 5 Mark.